本書係「敦煌文獻系統性保護整理出版工程」項目成果

二〇二一—二〇三五年國家古籍工作規劃重點出版項目

「十四五」國家重點出版物出版規劃項目

國家古籍整理出版專項經費資助項目

中國國家圖書館藏
敦煌文獻

中國國家圖書館 編

第二四册

BD00324～BD00338

國家圖書館出版社

DUNHUANG MANUSCRIPTS IN THE NATIONAL LIBRARY OF CHINA

024

BD00324 ~ BD00338

compiled by the

National Library of China

National Library of China Publishing House

凡例

一　本書刊布中國國家圖書館藏敦煌文獻，以館藏編號爲序編排。

二　館藏編號采用「BD+流水號」格式，如 BD00001, BD16579 等。背面在編號後加 v 表示。一個編號包含多件文獻者，編號後分別綴以字母 A, B, C 等。一件文獻含有多個内容者，以數字 -1, -2, -3 等標明順序。

三　圖版有縮印或放大處另加説明，尺寸超出本書幅面的以摺葉形式呈現。

四　卷軸裝、梵夾裝、經摺裝等裝幀形制的敦煌文獻，各附外觀圖像。

五　每件文獻依次呈現外觀、正面、背面等。背面僅刊布有文字、圖像或其他要素的圖版，而略去素紙部分，背面圖版同樣以從右到左順序編排。凡有外題者，遵從以上原則。

六　除個別特殊情況外，爲保證閲讀連貫、流暢，圖版儘量通欄呈現。

七　各葉上方附該件文獻全圖，以高亮形式顯示本葉大圖在全卷中的位置。部分長卷文獻全圖衹能分多段呈現時，在上段末以‹符標示下段接續。卷尾内容不足一葉時，文獻全圖使用該圖卷尾部分，亦以‹符標示。背面圖版文字與正面文字方向相反時，文獻全圖按原貌顯示，正文翻轉呈現，以便閲讀研究，用↺符標示。

八　文獻題名大體沿用中國國家圖書館此前所編多部敦煌文獻目録的考證，部分吸收學界最新研究成果略作調整和完善。文獻題名綜合參考原卷首題、尾題、外題確定，如原卷題名與該文獻正式名稱不同，則采用正式名稱；無題名者，或比定題名，或擬定新名。非漢文文獻在題名前標注語種。有分卷不同等其他情況者，括注於文獻名稱後。

九　本書著録使用通行繁體字，涉及原文中的人名、地名等，必要時保留原字形。

About this publication

1. The documents are presented in shelfmark order.
2. The shelfmarks are in the form BD plus a running number, eg. BD00001, BD16579, &c. If a given shelfmark contains multiple documents, these are distinguished by the letters A, B, C, &c. If a document has multiple contents, they are distinguished by the numbering 1, 2, 3, &c. The verso side of an item is indicated by the letter v.
3. If it has been necessary to reduce or enlarge the size of an illustration, the dimensions are indicated. If the size of an illustration exceeds the size of the book, a folding sheet is used.
4. If the document is a scroll, a folded sutra, or has a stitched binding, a picture of the whole object is provided to show its external appearance.
5. The cover, front, and back of each document are reproduced in sequence. The back of a document is only reproduced if it contains text, illustrations, or other markings, and it is oriented from right to left. If it is blank it is not reproduced.
6. Except in a few special cases, the lines of text are reproduced unbroken to make them coherent and easier to read.
7. An illustration of the complete document is reproduced at the top of each page, and the section where the main illustration appears is highlighted in order to indicate its position. If it has only been possible to reproduce a long scroll in sections, the direction symbol has been used to indicate where one illustration ends and the next one begins. If the end of the scroll occupies less than one page, the direction symbol is used to indicate its position in the illustration of the complete document. If the text on the back of the document has a different orientation from the text on the front, it is reproduced as it is, but is also rotated (indicated with the rotation symbol) so that it can be read easily.
8. The titles of the documents generally conform with those already established by the Library, but in some cases have been amended by drawing on the most recent scholarly research. The titles are derived firstly from the beginning of the text, then from the end of the text, and lastly from the cover. If the title of a document differs from its authoritative form, the authoritative form is used; and if a document has no title, one is either supplied by comparison with similar documents, or a new one is devised. If the document is not in Chinese, its language is indicated before the title. If the number of juan is different from that of the authoritative version, or if there are other irregularities, this is noted.
9. The documents in the book are in traditional Chinese characters. Where the title contains personal or place names, the original characters used for these names are retained.

(Translated by David Helliwell)

第二四册目録

BD00324-1 大般若波羅蜜多經卷五六八

（唐）玄奘 譯

BD00324-2 爾時最勝天王請世尊決問邪正路

744cm × 26.7cm

聞圓寂菩薩[illegible]若諸菩薩
若波羅蜜多能現如是種種化於天王當
薩行深般若波羅蜜多終不生於无暇之
相應人不聞般若波羅蜜多法名字故是
諸菩薩又復常離一切惡業終不毀犯所說戒以无嫉
語無失已於過去無量佛所多種善根殊勝稱應智慧
方便成熟大願心樂寂靜勤行精進離諸懈怠天王當知是
諸菩薩無有惡業墮地獄趣十善業道常現行故是諸菩薩無
有破戒墮傍生趣常能護持所受戒故是諸菩薩無有
嫉妬不墮餓鬼趣不生邪見家常值善友遠離惡友何
以故已於過去無量佛所深種善根是故生處富貴自
在皆具正見是諸菩薩隨所受身不缺諸根成就法器何以故
於過去世供養諸佛聽聞正法教大眾是故生處常
[illegible]

具諸根形相好端嚴成佛法器是諸菩薩不生邊地根缺愚
癡不知善惡語言義趣非佛法器不識沙門婆羅門等何
以故菩薩受生必在中國利根智慧言詞辯了善知語義
是佛法器善知沙門婆羅門等何以故菩薩宿世具修福德智
惠力故菩薩終不生長壽天雖不能利他不見佛故是諸菩薩不生
欲界未現出世利樂有情何以故具修方便善巧力故菩薩不生
無佛世界此處無佛無法無見修者不聞正法不供養僧所以者何菩薩生
處必具三寶宿願強故是諸菩薩聞惡世界深生厭離勤行寂
靜心不懈息精進熾然以一切善滅諸惡法天王當知諸菩薩
摩訶薩行深般若波羅蜜多以如是等種種因緣終不生於無
暇之處天王當知諸菩薩摩訶薩行深般若波羅蜜多乃至
夢中尚不妄失大菩提心況於覺時當有妄失何以故為一切
善法生於此心即是無上正等覺心若無此心則無有佛無
法無僧由此心故得有三寶及有天人修善受樂是諸

[illegible]
無染無憎由此心故得爲三寶及諸天人修善愛樂是諸
菩薩常離諂詐質直柔和其心清淨於諸佛法不生猶豫欲
聽受者不秘深義離諸嫉妬遠三塗業於初中後無憂
易相不違言護大乘法見同學者深生慕敬勸勤修
習稱讚大乘於說法師常生佛想親近善友遠離惡友是
諸菩薩行深般若波羅蜜多方便善巧成就如是淨身心
依止心得宿住智何以故已曾供養無量諸佛護持
正法修清淨戒遠離惡業障礙永無悔心常歡喜心勤
修學心不散亂心智不失何以故是諸菩薩由曾供養無
量諸佛尊重正法由重法故廣爲他說爲護正法不惜
身命身語意業悉皆清淨淨已得離障礙離障礙
故心常歡喜故則勤精進心性正直念知圓滿由念智故知過
去生一十百千乃至無數是諸菩薩行深般若波羅蜜多如實了
知過去生處族乃宿世親近善友由善友故於諸佛所三菩

不失僧聞見念常樂聽聞供養僧寶於一切時曾無空
過於菩薩所常深恭敬禮拜供養時無暫捨行住坐卧不離
多聞天王當知是諸菩薩持淨戒故常聞般若波羅蜜多
切法名字常勤修習助菩提分曾不遠離三解脫門於一切
時修四無量常聞無上一切智名天王當知諸菩薩摩訶薩
薩深般若波羅蜜多由是因緣親近善友天王當知諸菩薩摩
訶薩深般若波羅蜜多乃至夢中不近惡友況於覺時
而親近彼所以者何諸菩薩摩訶薩於破戒人著邪見人
不律儀人邪命人無義語人住懶惰人樂生死人背菩
提人愛俗務人雖常憐愍而不共住天王當知諸菩薩摩訶
薩深般若波羅蜜多由如是法遠離惡友天王當知諸菩薩摩
訶薩深般若波羅蜜多能以如來十力差別云何為十
一來求多二清淨多三無盡多四善修多五法性多六離障倚

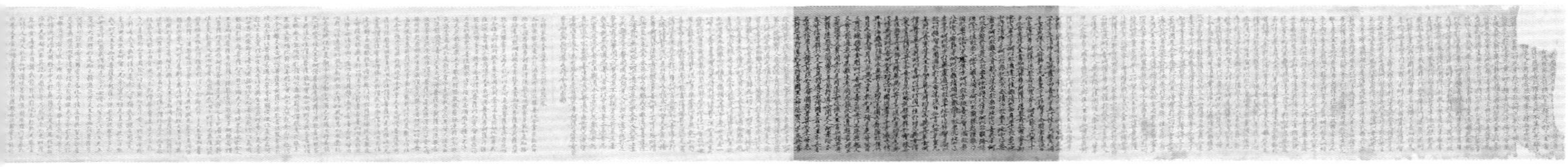

言世尊以何……何等為十一
平等地二清淨地三無盡地四善修地五法性地六離異同
地七不思議地八寂靜地九虛空地十妙智地爾時最勝便白
佛言諸菩薩摩訶薩行得般若波羅蜜多何位能得如來十
地佛告最勝天王當知諸菩薩摩訶薩行得般若波羅蜜多初
地中得平等地何以故通達法性離諸邪曲見平等故第二地
中得清淨地何以故離犯戒失戒清淨故第三地中得無
盡地何以故離欲貪瞋得勝定故第四地中得善修地何
以故常勤修習菩提分故第五地中得法性地何以故觀諸諦
理證法性故第六地中得離異同地何以故觀緣起理離異
同故第七地中得不思議地何以故方便善巧智行滿故第
八地中得寂靜地何以故離諸煩惱戲論多故第九地中得
虛空地何以故於無盡遍一切故第十地中得妙智地何以
故一切種智修圓滿故於是最勝復白佛言於菩薩地豈无
差別佛告最勝天王當知地無差別切法地異其義云何

差別佛告最勝天王當知諸法無差別功德而異其義云何
謂佛菩薩無差別所以者何以一切法因一性於切法異者謂
如來菩薩具諸功德菩薩不爾吾當為汝略說譬喻譬如寶珠若
具莊飾不具莊飾其珠無異佛菩薩亦復如是功德而異
法性無別所以者何如來功德一切圓滿盡於十方遍法情
界清淨離垢障礙永無菩薩功德未滿而餘障故譬如
日月而滿未滿月性無異二乘亦然如是諸佛皆堅固
不可破壞猶若金剛所以者何三毒不破世法不染惡趣人
天皆不能逼出過遠離生老病死能伏外道超魔境界
不趣獨覺及聲聞乘以是因緣不可破壞天王當知諸菩薩摩
訶薩行深般若波羅蜜多善能將導世間天人阿素洛亦
咸皆信用譬如丈夫善為將導若諸國王若王亦長者
居士咸信用之彼諸菩薩亦復如是聲聞獨覺菩薩如來皆悉
共許為善將導如善將導國王大神婆羅門亦咸共尊

共許爲善將導如善將導國王大神婆羅門等咸共尊
敬此諸菩薩亦復如是天龍藥叉阿素洛等學無學人之所共
養如險曠野人疲倦遇善將導能令安隱此諸菩薩亦復如
是以巧便力將導有情令於生死安隱得出如諸商人依
富長者方出險難一切外道及婆羅門於生死中依此菩薩方
得出離如大長者無量資財爲一切人之所受用此諸菩
薩亦復如是生死有情共所受用如大長者欲過險難必假
多伴飲食資粮並皆具足方乃能度此諸菩薩亦復如是欲
出世間生死險難必以福慧攝諸有情方度世間至一
切智如人遠行多齎寶物爲得利故此諸菩薩亦復如是從生死
海趣一切智要當修集福慧珍財爲速證得一切智故如世
間人求財無厭此諸菩薩亦復如是樂求勝法曾無厭足如將
導者四方勝他財富位高伎能言信此諸菩薩亦復如是富
諸功德處位尊高於法自在所言無異如人善導至於

[illegible]
大誠長諸菩薩亦復如是將導有情至一切智天王當知諸
菩薩摩訶薩行深般若波羅蜜多善知何可行不可行路所謂
邪正曲直安危求不求無著有留難或出離道諸善通達
是諸菩薩知無倒路凡所示導不違衆根大乘人說無上道
不說獨覺及聲聞道為獨覺人說獨覺道不說菩薩及
聲聞道為聲聞人說聲聞道不說獨覺及菩薩道為著
我者說無我道為著行者說行空道著二邊者為
說中道為迷亂者說止觀道令不迷亂為戲論者說
真如道令不戲論著生死者說菩薩道令出世間為迷途
者說正直道令遠邪路天王是名諸菩薩摩訶薩行深般若波羅
蜜多知邪正路將導有情令得出離

尒時最勝天王請世尊決問邪正路一卷

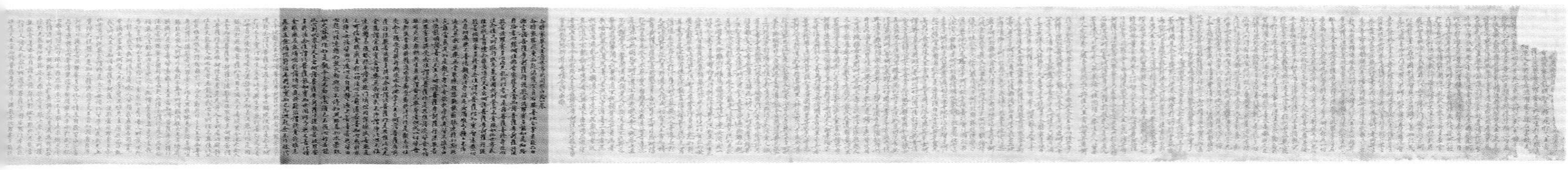

尒時最勝天王請世尊決問邪正路一卷
尒時最勝從座而起偏覆左肩右膝著地合掌恭敬而白
佛言諸菩薩摩訶薩行深般若波羅蜜多能如是知路
非路者心緣何住佛告最勝天王當知諸菩薩摩訶薩行深
般若波羅蜜多心正无乱所以者何是諸菩薩善修身受心
法念住凡所遊行城邑聚落聞說利養心不貪染如仏世尊於
經中說善自憶念離諸煩惱天王云何諸菩薩摩訶薩行深
般若波羅蜜多修身念住謂此菩薩以如實智遠離一切
与身相應惡不善法觀察此身從足至頂唯有種ゝ不淨
過失無我無樂無常敗壞腥臊觸穢筋脉連持如斯惡
色誰當惠見如是觀已身中貪欲執身我見皆不復生由
此便能順諸善法天王云何諸菩薩摩訶薩行深般若
波羅蜜多修受念住謂此菩薩作是思惟諸受皆苦有情
顛倒忘起樂想異生愚癡謂苦爲樂聖者但說一切皆苦

[illegible]
爲斷滅苦進修精進亦當勸餘勤修行作是觀已恒住
受念不隨受行修行斷受亦令他學天王云何諸菩薩摩訶
薩行深般若波羅蜜多修心念住謂此菩薩作是思惟此心无
常愚謂常住實苦謂樂無我謂我不淨謂淨此心不住
速疾轉易隨眠根本諸惡趣門煩惱因緣壞滅善趣是
不可信貪瞋癡主於一切法心爲前道若善知心悉解衆
法種種世法皆由心造心不自見種種過失若善若惡皆由
心起心性速轉如旋火輪飄忽不停如風野馬如水果起
如火能燒作如是觀令念不動令心隨已不隨心行若能
伏心則伏衆法天王云何諸菩薩摩訶薩行深般若波羅蜜
多修法念住謂此菩薩能如實知世間所有惡不善法謂
貪瞋癡及餘煩惱於諸煩惱進修對治謂修貪欲瞋恚
愚癡及餘煩惱對治差別如實知已即迴起念不行彼法

愚癡及餘煩惱對治差別如實知已即迴起念不行彼法
念令逃離天王云何諸菩薩摩訶薩行深般若波羅蜜多於
境起念謂此菩薩若遇色聲香味觸境便作是念云何
於此不真實法而生貪愛此乃異生愚癡所著即是不善
如世尊說愛即生著即迷謬由此不知善法惡法以是因
緣墮於惡趣菩薩如是自不漏失不著境界令逃亦尒天
王當知諸菩薩摩訶薩行深般若波羅蜜多簡練若謂
此菩薩作是思惟簡練若處是无諍人之所居心寂靜
住處天龍藥叉逃心智者悉能知我心之所法不應住此起
邪思惟思惟即得捨離於法正念勤修行之天王當知菩薩
摩訶薩行深般若波羅蜜多作是思惟城邑聚落及諸喧
雜非出家人所可行處則不應往所謂酤酒婬女王宮博弈
歌儛如是等處皆遠離之天王當知諸菩薩摩訶薩行
深般若波羅蜜多聞利養名起正慎念謂作是念為生救

福應受此財不由貪愛受已秘惜養育妻子不言我
衆々如是財物而普周給一切貧窮如是行者人所讚嘆終
不計著我及我所復作是念人皆稱我惠施名聞世无
常須臾磨滅云何智人无常實不恒无主隨彼而行執
我々所天王當知諸菩薩摩訶薩行深般若波羅蜜多念
佛世尊所說禁戒謂作是念三世諸佛皆學此戒成无上
覺證大涅槃如是知已精進修學天王當知諸菩薩摩
訶薩行深般若波羅蜜多為化衆情及自修習少欲喜
足著糞掃衣心常清潔信力堅固寧失身命於戒不犯
心離憍慢遊行城邑雖服弊衣而不生耻遠離懈怠常
修精進所作未辦終不中止於糞掃衣不見過患朽故弊
壞終无輕鄙但求其德夫離欲者乃服此衣如來所讚
自懼貪著亦不自讚我能服此於他不服終无毀言

自慳貪著亦不自讚我能服此於他不服然無毀言
如此行人諸天礼敬佛所讚嘆菩薩護持婆羅門等恭敬
供養天王當知諸菩薩摩訶薩行深般若波羅蜜多能護
如是清淨妙行尔時最勝便白佛言高行菩薩行深般若波
羅蜜多何用著此糞掃衣耶佛言天王諸大菩薩護世間故著
糞掃衣所以者何世間若見著此衣服滅惡生善天王於意云
何菩薩高行何如世尊最勝白言百千万億乃至鄔波尼殺曇
分亦不及一何以故佛是法王具一切智無有一法不能照故天王
於意云何佛對一切天龍藥叉人非人等示現菩薩行及常讚嘆杜
多功德此何最所爲勝白言世尊爲欲教化可度諸有情類及
初發心諸菩薩未斷煩惱爲說對治佛言如是如是天王高行菩薩著
糞掃衣亦復如是是故菩薩行深般若波羅蜜多方便善巧饒益
有情天王當知諸菩薩摩訶薩行深般若波羅蜜多爲世間故
但畜三衣何以故心喜足故更不多求即是少欲不求乞故無

所聚積不聚積故則無喜失無喜失故則不憂苦無憂苦
故則離〻煩惱〻故則無所著無所著故則為漏盡天王當知
諸菩薩摩訶薩行深般若波羅蜜多為欲饒益諸有情故
入諸城邑持鉢乞食何以故是諸菩薩大悲熏心觀諸有情多有
窮苦欲令富樂受彼供養入城邑時威儀齊整心正不亂
善攝諸根徐步而行前視六肘不顧左右如法乞食次來而
往不越貧家稱量取食不長受於所得中更開一分擬施
貧乏供養福田何以故信施難消為生福故天王當知諸菩薩
摩訶薩行深般若波羅蜜多但一坐食亦不移動何以故菩薩一
坐妙複座魔來嬈亂亦不移動於出世定慧智法空寶
證吉如上理聖道一切種智皆不移動何以故一切智法一坐
食天王當知諸菩薩摩訶薩行深般若波羅蜜多方便善巧為
諸有情示現乞食天王當知諸菩薩摩訶薩行深般若波羅蜜

諸有情亦現乞食天王當知諸菩薩摩訶薩行深般若波羅蜜
多常勤修學阿練若行謂修梵行於諸根中不起過失受多
聞力堪修正行離我怖畏不計著身常行寂靜是諸菩薩於正法
（住）中常樂出家持三輪戒善知法相如業所說為少壯老三種人
戒是能了達不緣外境專念自心訶毀世法讚歎出家調伏諸
根不惡境於阿練若居無難處城邑乞食不遠不近有清泉
水盥洗便易豐花菓林無惡禽獸巖穴寂靜空閑寡人如是
勝處而為居止所曾聞法晝夜三時勤加讀誦聲離高下心不緣
外專念憶持婆羅門求來至其處顧命令坐歡喜慰問觀其
根性為說正法令得歡喜信受修行如是具足方便善巧遠
離我心以無我故於阿練若不生怖畏離怖畏故樂行靜寂菩薩如
是巧方便力亦現修行阿練若行天王當知諸菩薩摩訶薩行深般
若波羅蜜多善觀諸行依是思惟一切飲食清淨香潔身決

觸〻即成不淨爛壞臭處愚夫無智受著此身及諸飲食著
依聖智如實觀察即生厭惡不起染著天王當知諸菩薩摩訶薩
行深般若波羅蜜多作是思惟多行瞋恚便起惡業我今當離
直心趣道去實思惟非從口說天王當知諸菩薩摩訶薩行深
般若波羅蜜多作如是念若法有生即是因緣〻法又從緣起
云何智者於此虛妄因緣生法而生罪福於身中有障善法即
自除斷若不能斷此障善法心便生捨不起無明云何名為障
善〻法謂不恭敬佛法僧寶及清淨戒不敬因學老少幼小自
高陵彼趣向五欲背捨菲而起我見或有情見不正知者見
見者見執空起斷見執有起常見遠離賢聖親近愚夫捨持
戒人依破戒者親附惡友遠離善友聞甚深法便生誹謗身惡
威儀語無善說心具諂曲煩惱所覆貪著利養五慢具生一
姓貴慢二種族慢三見勝慢四國土慢五徒眾慢見惡便助
愚善而捨讚美女人童稚外道不樂修習阿練若行不解節食產

愚善而捨讚美女人童稚外道不樂修習阿練若行不解節食遠
離呼長雖復讀誦不知時節見善不重見惡不怖如象无鉤
馬無轡勒放逸不制善生瞋恚心無慈念見苦不愍遇疾不
瞻於死不怖處大火聚都不求出癡琢不琢非琢及琢不思而
思癡思不思非望而求不出謂出非路（為路）未得謂得樂習重惡遠
離大善毀呰大乘及大乘人讚歎小道及學小者多樂閙亂好麁
惡言心無慈悲令他怖畏出言麁鄙語無一實樂著戲論而不
能捨如是等事名障善法天王當知諸菩薩摩訶薩行深般若
波羅蜜多修習空行滅戲論法作是思惟所觀境界皆悉空无
能觀之心亦復非有無能所觀二種差別諸法一相所謂無相如
是思惟遣内外相不見身心亦不見法次第相續修學止觀止謂
如實見法止謂一心不亂菩薩如是修觀行已即得淨戒戒清淨故
行亦清淨是名菩薩行深般若波羅蜜多觀行清淨天王當知諸菩
薩摩訶薩行[illegible]

薩摩訶薩行深般若波羅蜜多護持如來无上法藏聽受正法
爲護法故不爲利養爲三寶種不斷絶故不爲恭敬爲欲
守護大乘行故不爲名譽无歸依者令得歸依无救濟者令
得救濟無安樂者令得安樂無慧眼者令得慧眼修小乘者
求聲聞道學中乘者求獨學道行大乘者求无上道如是勝法爲
無上智終不爲得下劣之乘天王當知諸菩薩摩訶薩行深般若
波羅蜜多善知種種毗奈耶法謂毗奈耶毗奈耶行毗奈耶甚深毗奈耶
微細淨與不淨業業無業別解脫本聲聞毗奈耶共毗奈耶
是諸菩薩行深般若波羅蜜多於如是等毗奈耶法皆悉善知天
王當知諸菩薩摩訶薩行深般若波羅蜜多善知一切威儀
戒行善學聲聞獨覺共所受持戒既修戒行若見威儀不稱
眾意則應捨離非處不行若行行門威儀戒行具足清白即觀
道行若波羅門異學餘行勸捨離修毗奈耶者修習如是戒行威
滿心無巧偽嫉妒便滅自行布施亦勸他行讚歎布施令他修

滿心無巧偽嫉妬便滅自行布施亦勸他行讚嘆布施令他修
學見他布施心生隨喜若作是念施我非餘我應思惟諸有
情類多有貧乏飢寒困苦願彼得財現世安樂由此行故後世
安樂我應令世精勤修道乘與有情因得出離是名菩薩無嫉
妬心於諸有情皆得平等若行布施淨戒安忍精進靜慮般若
乃至一切相智普為有情其心無二何以故所修之行與有情
共念為境界令速得道於生死火自既得出亦願有情因得出
離天王當知譬如長者六子幼稚並皆愛念無偏黨心長者在
外其宅火起於意云何爾時長者頗有是念於其六子先後
救不不也世尊何以故其父於子心平等故天王當知菩薩亦爾愍
夫貪著處在六趣生死火宅不知出離是諸菩薩以平等心種種方
便誘引令出皆悉安置圓寂界中天王當知諸菩薩摩訶薩行
深般若波羅蜜多於佛常求為護正法供養如來種種供具供
養如來如實修行供養如來利益安樂一切有情守護一切

有情善法隨順有情善能化導行菩提道行不違言心無疲倦
求無上覺若能如是乃得名為供養諸佛不以資財而為
供養何以故法是佛身若供養法即供養佛諸佛世尊皆從
非資財行而來生為利益安樂有情護其善法隨順有情
若不爾者違本誓願懶惰懈怠不能成就菩提之心何以故
菩提所趣無上菩提與有情共若無有情云何能得無上菩提天王
當知諸菩薩摩訶薩行深般若波羅蜜多修行正法供養如
來名真供養如是供養能除我慢遠離俗務剃落鬚髮
於其父母兄弟親戚不相關顧猶如已死形狀衣服並異
於常執持應器遊入城邑若至親里旃荼羅家不擇我慢
下意乞食謂作是念我命屬他由彼施食我命存濟以是因
緣能除我慢復作是念我今應取師友求意今生歡喜昔
未聞法為得聞故若見他人瞋忿鬪諍即離忍辱下意避

未聞法爲得聞故若見他人瞋恚鬬諍即離思辱下意避
之并如是拔除我慢天王當知諸菩薩摩訶薩行深般若波羅
蜜多生堅正信何以故多諸功德宿世所種善根力強善因具
足正見成就不信外緣因心清淨不依餘佛心行調直遠離諂
誑諸根聰利具足般若波羅蜜多離諸蓋障其心清淨遠
離惡友親近善友樂求善言不生懈怠聞所說法知佛功德亦
時最勝便白佛言唯願大慈哀愍爲說如來功德大威神
力佛告最勝天王汝今諦聽善思念之吾當爲汝說佛功德威神
力尒最勝白言唯然願說我等樂聞佛告天王如來具足無
邊大慈遍照有情有情界攝乃至十方盡虛空界悉皆遍
照不可測量如來大悲聲聞獨覺及諸菩薩皆所無有何
以故不共法故十方世界無一有情如來大悲所不能照如來
說法究竟無盡普爲十方諸有情類經無數劫種種因緣說諸

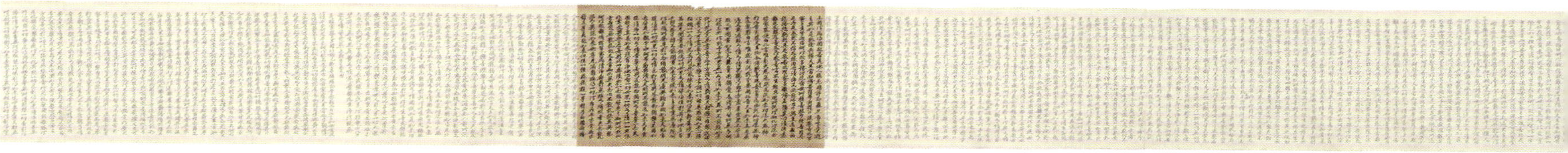

法要亦不可盡諸有情界種種言詞一切句義難問如來一彈
指頃一一有情為分別無能壞者如來所得無靜慮境界
甚深無測量者假使一切世界有情皆得住於菩薩十地多百
千劫入勝等持不能測量如來定境如來之身量無邊際何
以故隨所樂見於一念頃能現無邊異類身故如來天眼最
勝清淨一切世界一切有情色於差別外餘物類種種不同如
來皆見如觀掌中阿摩勒菓諸人天眼所不能及如來天耳最
勝清淨一切有情音聲差別及餘物類所有音聲一念悉
聞解了其義如來復有淨他心智一切世界一切有情一一思惟
作業受果無邊差別於四威儀於一念頃皆悉了知何以故佛
常在定無散亂故天王當知佛無失念心不散亂根無異緣
何以故離煩惱習氣為清淨寂靜無垢有煩惱者失念散亂
根有異緣如來世尊無漏離垢得一切法自在平等常在等
持及等至故如來但住一種威儀遊一等持乃至圓寂諸

持及等至故如來但住一種威儀游一等持乃至圓寂諸
人天等尚不能知況復如來經無量劫修習无量无邊等持
寧有人天能了知者何以故如來功德不可度量不可思議不
可觀故爾時最勝便白佛言我聞如來三無數劫修行成佛云何
今說無量劫修佛言天王其義不爾何以故菩薩所趣无上菩提
無量功力乃得成辦非不於爾許劫數而能證入法平等理
修習究竟乃稱成佛於是最勝白言世尊善哉善哉快
說法要善能勸發一切有情植善根遠離業障欣樂佛果
修菩薩行若有有情得聞如來功德威神心生歡喜信受讚
嘆當知不久成佛功德威神法器況復有能受持讀誦書
寫供養為他解說彼所獲福不可思議佛言天王如是彼有
情類如來護持已種善根經多劫數若於過去供養多
佛乃得聞佛功德威神天王當知若善男子善女人等心无疑惑

於七日中澡浴清淨著新淨衣燒香供養一心正念如前所說
如來功德及大威神尒時如來慈悲護念現身令見使彼滿足
若有闕少燒香亦可但一心念功德威神將命終時必得見佛
尒時最勝復白佛言頗有有情聞說如是如來功德及大威
神不起信心而毀謗不佛言亦有謂有有情聞說如是如來
功德威神信已起不善心瞋恚毀謗於說法師生惡友想彼
後捨命必墮地獄多劫受苦若諸有情聞說如是如來功
德及大威神歡喜信受讚嘆憶念於說法師生善友想彼
後捨命定昇人天展轉勝進乃至成佛尒時世尊出廣長舌
相自覆面輪次覆頭頂次覆遍身次覆師子座次覆菩薩
眾次覆聲聞眾然後乃覆釋梵護世人非人等一切大眾
還收舌相告大眾言如來世尊有是舌相豈當妄語汝等
大眾於我所說皆應信受長夜獲安說是法時眾中八万
四千菩薩得無生忍無量有情遠塵離垢生淨法眼無

四千菩薩得無生忍無量有情遠塵離垢生淨法眼無
數有情皆發無上正等覺心
是時最勝天王聞此語已歡喜踊躍合掌恭敬而白佛言如世尊說
法性平等何為平等何法故名為平等佛告最勝天王當知平等觀諸法
自性寂靜不生不滅故名平等一切煩惱虛妄分別自性寂靜不生
不滅故名平等名於分別自性寂靜不生不滅故名平等滅諸顛倒不
起攀緣故名平等能緣心滅無明有愛即得寂靜癡愛滅故
不復執著我及我所故名平等我我所執永滅除故名為寂靜故
名平等名為滅故邊見不生故名平等斷常滅故身見寂靜故名
平等天王當知能執可執一切煩惱障善法者緣身見生為諸菩薩
深般若波羅蜜多方便善巧能滅身見一切隨眠及諸煩惱皆
永寂靜何以故名身見譬如大樹拔除根株枝條葉等無不枯死如
人無首命根亦絕隨眠煩惱亦復如是若斷身見餘皆永滅若
見苦寂滅我我所執可見永得寂靜爾時最勝天王便白佛言云何可伐

人能觀諸法無我能執所執永得寂靜爾時最勝便白佛言云何我
見起障真理佛告最勝天王當知於五取蘊妄謂有我即起我見
真實之法自性平等無能所執我見相違是故為障天王當知
如是我見不在內不在外不在兩間都無所住名為寂靜即是平
等遠離我見通達平等名真實空觀察此空無有自性寂靜不
生不滅不來不去遠離我見故名平等天王當知所言我者無來
無去無有真實虛妄分別法從妄生只是虛妄為諸菩薩深
般若波羅蜜多方便善巧觀如是法遠離虛妄是故名為寂
靜平等天王當知能執所執名為熾然離名寂靜諸煩惱障名
為熾然離名寂靜若諸菩薩行深般若波羅蜜多方便善巧能如
實知能執所執諸煩惱滅為增善法斷能所執及諸煩惱不見
可生不見可滅故名平等修一切種波羅蜜多遠離魔障不見可
修不見可離故名平等菩薩常緣獲亦法不起聲聞獨覺作意於
獲亦聲聞獨覺不見異相故名平等緣一切智心不休息常修

提，亦聲聞獨覺不見異於，故名平等。緣一切智心不休息，常能
空行，由大悲力不捨有情，故名平等。天王當知，若諸菩薩行深般若波羅
蜜多方便善巧，於一切法心緣自在，心緣無我而修菩提，不見無
我及菩提異，故名平等。心緣無願不捨三界，不見無願及三界異，故名
平等。觀身不淨心住清淨，觀行无常心緣生死而不厭捨，觀有情
皆住涅槃，觀法無我，於有情類起大悲心，常為有情說不淨
藥，不見貪病；常說大慈，不見瞋病；常說緣起，不見癡病；為求病
者說無常藥，不見求病及無常異。如是菩薩行深般若波羅蜜多
方便善巧，於一切法心緣自在，緣離貪法為化聲聞，緣離瞋法
為化獨覺，緣離癡法為化菩薩，緣一切色願得如來清淨妙色，無
所得故；緣一切聲為得諸佛微妙音聲，無所得故；緣一切香願得
諸佛清淨戒香，無所得故；緣一切味願得如來味中最上大士夫相，無
所得故；緣一切觸願得如來柔軟手掌，無所得故；緣一切法願得樂

寂靜之心無可令故緣諸布施為令成就佛相好身緣諸淨戒為
令圓滿嚴淨佛土緣諸安忍願令諸佛大梵音聲及令諸佛淨光
明身緣諸精進為度有情常無間斷緣諸靜慮為欲成就廣
大神通緣諸般若為斷一切妄見煩惱緣諸大慈平等無礙為諸
有情皆令安樂緣諸大悲為護正法救拔有情生死大苦緣諸
大喜為令說法無礙自在悅樂有情緣諸大捨為不執見有情
煩惱結縛隨眠天王當知若諸菩薩緣般若波羅蜜多方便
善巧不見二相名平等行緣四攝法為化有情緣慳嫉過為捨
資財捨行布施緣破戒失為住淨戒緣瞋恚失為得安忍緣懈
怠失為成如來大精進力緣散亂失為令如來寂靜勝定緣惡
慧失為成如來無礙智慧緣二乘法為欲成就無上大乘緣
諸惡趣為欲濟拔一切有情緣諸善趣為欲令知諸人天果皆當
敗壞緣諸有情為令了達都無堅實唯有虛妄緣佛隨念為
令成就助道勝定緣法隨念為令通達諸秘密藏緣僧隨念為

法成就助道法空緣法隨念爲法通達諸祕[密]藏緣僧隨念爲
和合衆心無退轉緣捨隨念爲無愛著緣戒隨念爲法淨戒緣
天隨念爲成菩提諸天讚嘆緣自身於爲法佛身緣自語於爲法
佛語緣自意於爲法諸佛有不有心緣無有爲法爲成佛智緣無爲
法爲法寂靜天王當知菩薩行深般若波羅蜜多方便善巧無有
一心一行空過而不迴向一切智者非是菩薩行深般若波羅蜜多方便善巧
雖遍緣法而能不著是故名爲方便善巧觀一切法無不趣向大菩
提者譬如三千大千世界所出諸物無不皆爲有情受用如是菩薩
行深般若波羅蜜多方便善巧所緣境界無不饒益趣向菩提
譬如衆色無有不因四大種者如是菩薩所緣境界無有一法不趣
菩提何以故菩薩行皆因外緣而得成立謂諸菩薩因慳嫉者成就布施
波羅蜜多因皆忌者成就淨戒波羅蜜多因惡性者成就安忍
波羅蜜多因懈怠者成就精進波羅蜜多因散亂者成就靜

處波羅蜜多曰愚癡者成就般若波羅蜜多諸有情損慳菩薩
菩薩曰彼伏斷瞋恚菩薩若見殺行善法向穢者生己子心如是菩薩
讚不生喜毀不生瞋見無樂者起大慈心見有苦者起大悲心
見有樂者起大喜心見無苦者起大捨心曰難化者發奢摩他
曰易化者發毗鉢舍那曰信行者起知見智若見有情外惡緣
勝外善緣少則勤守護若見已力有強勝者種種方便令受教
法若見智慧開悟有情則為宣說甚深法要若見有情廣說
乃悟則為次第宣說諸法為諸有情執著文字為說句義合法
開曉覺已學上為說妙觀若已學觀為說寂止若執持戒為說
地獄持戒無執則不說之若執聞慧為說思惟為執求持為說般
若有愛樂阿練若者即為彼說心遠離法為有樂聞他功德者即為
彼說無上聖智為貪欲者說不淨法為瞋恚者說慈悲法為愚癡
者說緣起法為求示者說種種法或說不淨或說慈悲或說緣起已調
伏者為說淨戒殊勝定妙道進入他乘亦受化者為次第說波羅蜜多應

忕者為說淨戒殊勝定妙由應入佛乘而受化者為次第說波羅蜜多應
以抑挫而受化者先折其詞後為說法應種種言而受化者即為
彼說因緣譬喻合法開解應以深法而受化者為說般若波羅蜜多方
便善巧無我無法著諸見者為說法空多法倒者為說無我著
為者為說無所著著諸蘊者為說如幻著諸界者為說無性著
諸處者為說如夢著欲界者為說熾然著色界者為說行苦著
無色界者為說行無常難化有情為說地獄易化有情為說靜
慮及無量心多聞士夫而受化者為說快樂因聲聞法而受化者
為說四諦因獨覺法而受化者為說緣起因菩薩法而受化者
為說淨心大慈悲行修行菩薩為說福慧不退菩薩為說淨土一生所
繫菩薩為說嚴菩提座應以佛說而受化者為其相續次第而說天
王當知如是菩薩修行清淨甚深般若波羅蜜多方便善巧得諸
自在說法利益無有空過說是菩薩自在法時三万天人俱發無上
正等覺心五千菩薩得無生忍爾時世尊即便微笑者有見受

正等覺心五千菩薩得無生忍爾時世尊即便微咲諸佛爾現微咲
時種種色光從面門出青黃赤白紫頗胝迦普照十方無邊
世界現希有事還至佛所右遶三匝入佛頂中時舍利子覩斯瑞
於心懷猶豫即從座起偏覆右肩右膝著地合掌恭敬而白
佛言世尊何緣現此瑞於爾時佛告舍利子言此東方諸天已曾過
去無量無數無邊大劫於諸佛所修行一切波羅蜜多為諸菩薩
守護般若波羅蜜多由此因緣今得值我諮受般若波羅蜜多至
於未來世復經無量無數大劫修習無上菩提資糧然後證得
所求無上正等菩提十號具足佛名功德莊嚴土名寂極嚴淨劫
名清淨其土豐樂人衆熾盛純菩薩僧無聲聞衆彼土大地
七寶合成衆寶莊嚴平坦如掌香花耎草而嚴飾之無諸山
陵堆阜荊棘幢幡花蓋種種莊嚴有天都城名為難伏七寶羅
網彌覆其上金繩交絡角懸金鈴晝夜六時空天奏樂及散
種種天妙香花其土人衆歡娛受樂勝於超越他化天宮人天往來

種種天妙香花其主人衆歡娛受樂殊妙超彼兜率天宮人天往來
不相隔礙無三惡趣及二乘名彼土有情唯求佛智其佛恒為
諸大菩薩宣説種種清淨法要無量無邊菩薩眷屬无耶見執破
戒耶命悉無音聲瘖瘂盲聾傴僂及根缺不具諸醜惡事二十八相
莊嚴其身彼土如來壽八小劫諸人天衆無中夭者佛有如是無量
功德若欲説法先放光明諸菩薩衆遇斯光已即知世尊將欲説
法我等今者宜應往聽時天為佛敷師子座其量高廣百踰繕那
種種莊嚴無量供養世尊昇座為衆説法彼諸菩薩聰明利根
一聞領悟離我我所資具飲食應念即至佛説最勝受記法時
五萬天人深心歡喜俱發無上正等覺心皆願未來生彼佛土
爾時最勝聞佛所説歡喜踊躍得未曾有上昇虛空七多羅樹時
三千界六種震動諸天伎樂不鼓自鳴散衆天花以供養佛及大
菩薩最勝天王時彼天王從空而下禮佛雙足退坐一面
時舍利子問最勝言菩薩修行甚深般若波羅蜜多方便善巧通達

法性。尒時即雍處菩提座證得無上正等菩提，轉妙法輪度有情
衆。何緣先現苦行六年降伏天魔後成正覺？東務答曰：大法當
知菩薩修行甚深般若波羅蜜多方便善巧，通達法性實無苦行。
為伏外道故示現之，而彼天魔是欲界主，稟性調善，實不雍壞。
為諸有情故示降伏。謂諸外道自稱能修苦行第一，是故菩薩示現能修
過彼苦行。謂諸有情或見菩薩居一膝立，或見菩薩舉兩手立，或見菩薩視
日而立，或見菩薩五熱炙身，或見菩薩倒懸其身，或見菩薩卧於棘刺，或卧
牛糞，或坐於石，或復卧地，或卧其板，或卧杵上，或卧灰土，或見菩薩唯
著板衣，或著芒衣，或著草衣，或著樹皮，或著糞衣，或復
露形，或面向日隨日而轉，或見菩薩唯食稗子，或復食麦，或食草
根，或食樹葉，或花或果，或食署蕷，或芋或藕，或豆或穀或麻
或米，或六日一食，或飲水度日，或於一日食一滴蘇，或一滴蜜，或一

BD00325 金剛般若波羅蜜經

（後秦）鳩摩羅什 譯

77.5cm × 24.5cm

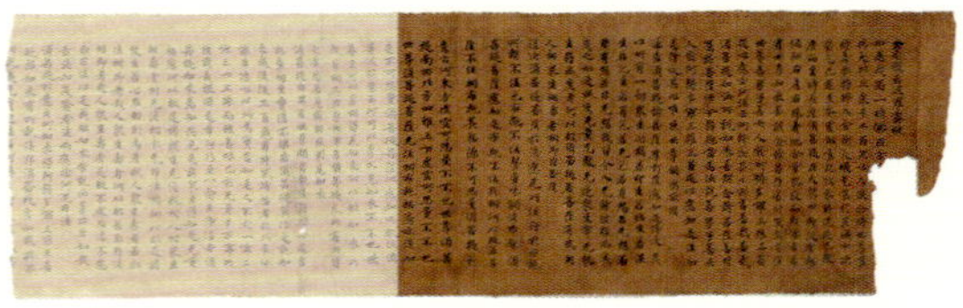

金剛般若波羅蜜經

如是我聞一時佛在舍

與大比丘衆千二百五十人俱尒時世尊食

時著衣持鉢入舍衛大城乞食於其城中次

第乞已還至本處飯食訖收衣鉢洗足已敷

座而坐時長老須菩提在大衆中即從座起

偏袒右肩右膝著地合掌恭敬而白佛言希

有世尊如來善護念諸菩薩善付囑諸菩薩

世尊善男子善女人發阿耨多羅三藐三菩

提心應云何住云何降伏其心佛言善哉善哉

須菩提如汝所說如來善護念諸菩薩善付

囑諸菩薩汝今諦聽當為汝說善男子善女

佛告須菩提諸菩薩摩訶薩應如是降伏其
心所有一切衆生之類若卵生若胎生若濕
生若化生若有色若无色若有想若无想若
非有想若非无想我皆令入无餘涅槃而滅
度之如是滅度无量无數无邊衆生實无衆
生得滅度者何以故須菩提若菩薩有我相
人相衆生相壽者相即非菩薩
復次須菩提菩薩於法應无所住行於布施
所謂不住色布施不住聲香味觸法布施須
菩提菩薩應如是布施不住於相何以故若菩
薩不住相布施其福德不可思量須菩提於
意云何東方虛空可思量不不也世尊須菩
提南西北方四維上下虛空可思量不不也
世尊須菩提菩薩无住相布施福德亦復如

提南西北方四維上下虛空可思量不不也
世尊須菩提菩薩无住相布施福德亦復如
是不可思量須菩提菩薩但應如所教住須
菩提於意云何可以身相見如来不不也世
尊不可以身相得見如来何以故如来所
說身相即非身相佛告須菩提凡所有相皆
是虛妄若見諸相非相則見如来
須菩提白佛言世尊頗有衆生得聞如是言
說章句生實信不佛告須菩提莫作是說如
来滅後後五百歲有持戒脩福者於此章句
能生信心以此爲實當知是人不於一佛二
佛三四五佛而種善根已於无量千万佛所
種諸善根聞是章句乃至一念生淨信者須
菩提如来悉知悉見是諸衆生得如是无量
福德何以故是諸衆生无復我相人相衆生

法相即着我人衆生壽者何以故若取非法
相即着我人衆生壽者是故不應取法不應
取非法以是義故如来常說汝等比丘知我
說法如筏喻者法尚應捨何况非法
須菩提於意云何如来得阿耨多羅三藐三菩
提邪如来有所說法邪須菩提言如我解佛
所說義无有定法名阿耨多羅三藐三菩

BD00326

維摩詰所説經卷上

（後秦）鳩摩羅什 譯

403cm × 26cm

（9-1）

維摩[illegible]

如是我聞一時佛在毗耶離菴羅樹園與大
比丘衆八千人俱菩薩三万二千衆所知識
大智本行皆悉成就諸佛威神之所建立
爲護法城受持正法能師子吼名聞十方衆
人不請友而安之紹隆三寶能使不絶降伏魔
怨制諸外道悉已清淨永離蓋纏心常安住
无导解脱念定捴持辯才不斷布施持戒
忍辱精進禪定智慧及方便力无不具足逮
无所得不起法忍已能隨順轉不退輪善解
法相知衆生根蓋諸大衆得无所畏功德智
慧以脩其心相好嚴身色像第一捨諸世間所
有飾好名稱高遠踰於須弥深信堅固猶若
金剛法寶普照而雨甘露於衆言音微妙

BD00326　維摩詰所説經卷上

金剛法寶普照而雨甘露於衆言音微妙
第一深入緣起斷諸耶見有无二邊无復
餘習演法无畏猶師子吼其所講說乃如
雷震无有量已過量集衆法寶如海導師
了達諸法深妙之義善知衆生往来所趣及
心所行近无等等佛自在慧十力无畏十八不
共關閉一切諸惡趣門而生五道以現其身爲
大醫王善療衆病應病與藥令得服行无
量功德皆成就无量佛土皆嚴淨其見聞者
无不蒙益諸有所作亦不唐捐如是一切功德
皆悉具足
其名曰等觀菩薩不等觀菩薩等不等觀
菩薩定自在王菩薩法自在王菩 薩法相

菩薩常下手菩薩常慘菩薩喜根菩薩喜王
菩薩辯音菩薩虛空藏菩薩執寶炬菩薩
寶勇菩薩寶見菩薩帝網菩薩明網菩
薩无緣觀菩薩惠積菩薩寶勝菩薩天王
菩薩壞魔菩薩電得菩薩自在王菩薩功德
相嚴菩薩師子吼菩薩雷音菩薩山相擊音
菩薩香象菩薩白香象菩薩常精進菩薩不
休息菩薩妙生菩薩華嚴菩薩觀世音菩薩得
大勢菩薩梵網菩薩寶杖菩薩无勝菩薩嚴
土菩薩金髻菩薩珠髻菩薩彌勒菩薩文殊師
利法王子菩薩如是等三万二千人
復有万梵天王尸棄等從餘四天下來詣佛
所而聽法復有万二千天帝亦從餘四天下來

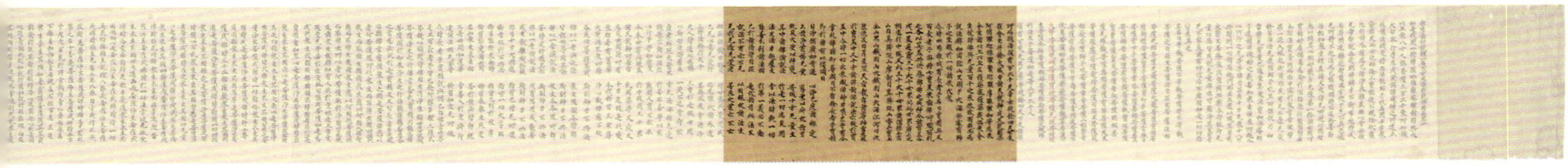

所而聽法復有万二千天帝亦從餘四天下來
在會坐并餘大威力諸天龍神夜叉乾闥婆
阿脩羅迦樓羅緊那羅摩睺羅伽等悉來
會坐諸比丘比丘尼優婆塞優婆夷俱來會
坐彼時佛與无量百千之衆恭敬圍繞而為
說法譬如須弥山王顯于大海安處寶師
子之坐蔽於一切諸來大衆
尒時毗耶離城有長者子名曰寶積與五
百長者子俱持七寶蓋來詣佛所頭面礼
足各以其蓋共供養佛佛之威神令諸寶蓋合
成一蓋遍覆三千大千世界而此世界廣長之
相悉於中現又此三千大千世界諸須弥山雪
山目真隣陁山摩訶目真隣陁山香山寶山

[illegible]
於寶蓋中又十方諸佛諸佛說法亦現於寶
蓋中尒時一切大衆覩佛神力嘆未曾有合
掌礼佛瞻仰尊顔目不暫捨長者子寶積
即於佛前以偈頌曰
目淨脩廣如青蓮　心淨已度諸禪定
久積淨業稱无量　導衆以寂故稽首
既見大聖以神變　普現十方无量土
其中諸佛演說法　於是一切悉見聞
法王法力超羣生　常以法財施一切
能善分別諸法相　於第一義而不動
已於諸法得自在　是故稽首此法王
說法不有亦不无　以因緣故諸法生
无我无造无受者　善惡之業亦不亡

无我无造无受者　善惡之業亦不亡
始在佛樹力降魔　得甘露滅覺道成
已无心意无受行　而悉摧伏諸外道
三轉法輪於大千　其輪本来常清淨
天人得道此為證　三寶於是現世間
以斯妙法濟羣生　一受不退常寂然
度老病死大醫王　常礼法海德无邊
毀譽不動如須弥　於善不善等以慈
心行平等如虛空　孰聞人寶不敬承
今奉世尊此微蓋　於中現我三千界
諸天龍神所居宮　乾闥婆等及夜叉
悉見世間諸所有　十力哀現是化變
衆都希有皆歎佛　今我稽首三界尊

佛以一音演說法 眾生隨類各得解
皆謂世尊同其語 斯則神力不共法
佛以一音演說法 眾生各各隨所解
普得受行獲其利 斯則神力不共法
佛以一音演說法 或有恐畏或歡喜
或生猒離或斷疑 斯則神力不共法
稽首十力大精進 稽首已得无所畏
稽首住於不共法 稽首一切大導師
稽首能斷眾結縛 稽首已到於彼岸
稽首能度諸世間 稽首永離生死道
悉知眾生來去相 善於諸法得解脫
不著世間如蓮華 常善入於空寂行
達諸法相无罣㝵 稽首如空无所依

BD00326　維摩詰所說經卷上

達諸法相无罣㝵　稽首如空无所依
尒時長者子寶積說此偈已白佛言世尊
是五百長者子皆已發阿耨多羅三藐三
菩提心願聞得佛國土清淨唯願世尊說說
菩薩淨土之行佛言善哉寶積乃能為諸
菩薩問於如來淨土之行諦聽諦聽善思念
之當為汝說於是寶積及五百長者子受教
而聽佛言寶積衆生之類是菩薩佛土所以
者何菩薩隨所化衆生而取佛土隨所調伏
衆生而取佛土隨諸衆生應以何國入佛智
慧而取佛土隨諸衆生應以何國起菩薩根
而取佛土所以者何菩薩取於淨國皆為饒
益諸衆生故譬如有人欲於空地造立宮室

寶積當知直心是菩薩淨土菩薩成佛時不謟
衆生來生其國深心是菩薩淨土菩薩成佛時
具足功德衆生來生其國大乘心是菩薩淨
土菩薩成佛時大乘衆生來生其國布施是菩
薩淨土菩薩成佛時一切能捨衆生來生其
國持戒是菩薩淨土菩薩成佛時行十善
道滿願衆生來生其國忍辱是菩薩淨土菩
薩成佛時三十二相莊嚴衆生來生其國精
進是菩薩淨土菩薩成佛時勤脩一切功德
衆生來生其國禪定是菩薩淨土菩薩成佛
時攝心不亂衆生來生其國智慧是菩薩淨
土菩薩成佛時正定衆生來生其國四无量
心是菩薩淨土菩薩成佛時成就慈悲喜捨

心是菩薩淨土菩薩成佛時成就慈悲喜捨
衆生來生其國四攝法是菩薩淨土菩薩成
佛時解脫所攝衆生來生其國方便是菩
薩淨土菩薩成佛時於一切法方便无礙衆
生來生其國卅七道品是菩薩淨土菩薩成
佛時念處正勤神足根力覺道衆生來生其
國迴向心是菩薩淨土菩薩成佛時得一切
具足功德國土說除八難是菩薩淨土菩薩
成佛時國土无有三惡八難自守戒行不譏
彼闕是菩薩淨土菩薩成佛時國土无有犯
禁之名十善是菩薩淨土菩薩成佛時命不
中夭大富梵行所言誠諦常以耎語眷屬
不離善和諍訟言必饒益不嫉不恚正見

伏隨意調伏則如說行隨如說行則能迴向隨
其迴向則有方便隨其方便則成就衆生隨
成就衆生則佛土淨隨佛土淨則說法淨隨
說法淨則智惠淨隨智惠淨則其心淨隨其
心淨則一切功德淨是故寶積若菩薩欲得
淨土當淨其心隨其心淨則佛土淨
尒時舍利弗承佛威神作是念若菩薩心淨
則佛土淨者我世尊本為菩薩時意豈不
淨而是佛土不淨若此佛知其念即告之言
於意云何日月豈不淨耶而盲者不見對曰
不也世尊是盲者過非日月咎舍利弗衆生
罪故不見如來佛嚴國淨非如來咎舍利弗我
此土淨而汝不見尒時螺髻梵王語舍利弗

BD00326　維摩詰所説經卷上

罪故不見如来佛嚴國淨非如来咎舍利弗我
此土淨而汝不見尒時螺髻梵王語舍利弗
勿作是意謂此佛土以為不淨所以者何我見
釋加牟尼佛土清淨譬如自在天宮舍利弗
言我見此土丘陵坑坎荊蕀沙礫土石諸山
穢惡充滿螺髻梵言仁者心有高下不依佛
慧故見此土為不淨耳舍利弗菩薩於一切衆
生悉皆平等深心清淨依佛智慧則能見
此佛土清淨於是佛以足指案地即時三千
大千世界若干百千珎寶嚴飾譬如寶莊
嚴佛无量功德寶莊嚴土一切大衆歎未曾
有而皆自見坐寶蓮華佛告舍利弗汝且觀
是佛土嚴淨舍利弗言唯然世尊本所不見
本所不聞今佛國土嚴淨悉現佛語舍利弗

是衆惡不淨土耳譬如諸天共寶器食隨其
福德飯色有異如是舍利弗若人心淨便見
此土功德莊嚴當佛現此國土嚴淨之時寶
積所將五百長者子皆得无生法忍八万四
千人發阿耨多羅三藐三菩提心佛攝神足
於是世界還復如故求聲聞乘三万二千天
及人知有為法皆悉无常遠塵離垢得法眼
淨八千比丘不受諸法漏盡意解

方便品第二

尒時毗耶離大城中有長者名維摩詰已曾
供養无量諸佛深殖善本得无生忍辯才
无导遊戲神通逮諸摠持獲无所畏降魔勞
怨入深法門善於智度通達方便大願成就

BD00326　維摩詰所説經卷上

无导遊戲神通逮諸揔持獲无所畏降魔勞
怨入深法門善於智度通達方便大願成就
明了衆生心之所趣又能分別諸根利鈍久於
佛道心已純熟決定大乘諸有所作能善思
量住佛威儀心大如海諸佛諮嗟弟子釋梵
世主所敬欲度人故以善方便居毗耶離資
財无量攝諸貧民奉戒清淨攝諸毀禁以
忍調行攝諸恚怒以大精進攝諸懈怠一心禪
寂攝諸乱意以決定慧攝諸无智雖為白衣
奉持沙門清淨律行雖處居家不著三界
示有妻子常脩梵行現有眷屬常樂遠離
雖服寶飾而以相好嚴身雖復飲食而以禪
悅為味若至博弈戲處輒以度人受諸異道不

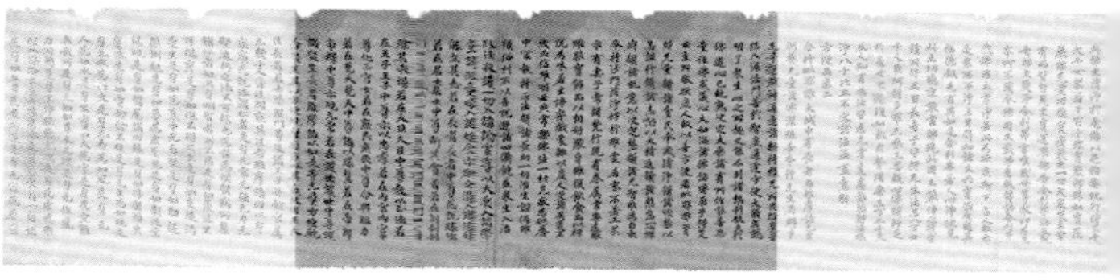

獲俗利不以喜悅遊諸四衢饒益衆生入治
政法救護一切入講論處導以大乘入諸學
堂誘開童蒙入諸婬舍示欲之過入諸酒肆
能立其志若在長者長者中尊為說勝法
若在居士居士中尊斷其貪著若在剎利剎
利中尊教以忍辱若在婆羅門婆羅門中尊
除其我慢若在大臣大臣中尊教以正法若
在王子王子中尊示以忠孝若在內官內官中
尊化正宮女若在庶民庶民中尊令興福力
若在梵天梵天中尊誨以勝慧若在帝釋
帝釋中尊示現无常若在護世護世中尊護
諸衆生長者維摩詰以如是等无量方便饒
益衆生其以方便現身有疾以其疾故國王大

諸衆生長者維摩詰以如是等无量方便饒
益衆生其以方便現身有疾以其疾故國王大
臣長者居士婆羅門等及諸王子并餘官屬
无數千人皆往問疾其往者維摩詰因以身
疾廣為說法諸仁者是身无常无强无力无
堅速朽之法不可信也為苦為惱衆病所集
諸仁者如此身明智者所不怙是身如聚沫不
可撮摩是身如泡不得久立是身如炎從渴
愛生是身如芭蕉中无有堅是身如幻從
顛倒起是身如夢為虛妄見是身如影從業
緣現是身如響屬諸因緣是身如浮雲須臾
變滅是身如電念念不住是身无主為如地是
身无我為如火是身无壽為如風是身无

力所轉是身不淨穢惡充滿是身為虛偽雖
假以澡浴衣食必歸磨滅是身為灾百一病惱
是身如丘井為老所逼是身无定為要當

BD00327 大般涅槃經（异卷）卷一八

（北凉）曇無讖 譯

895.5cm × 26cm

[illegible]不汙者如
染汙是故歸佛爲世間解
菩薩名世間解何以故諸佛[illegible]
故名世間解善男子如因
諸佛菩薩亦復如是見
云何无上士上士者
无上士諸佛世尊
歸佛爲无上士又上
者无有諍訟如来无
又上士者名語可壞无上
来所言一切衆生所不能壞是故歸佛爲无
上士又上士者名爲上坐无上士者名无上

新无故是故歸佛爲无上士云何調御丈夫
自既丈夫復調丈夫善男子言如来者實非
丈夫非不丈夫因調丈夫故名如来爲丈夫
也善男子一切男女若具四法則名丈夫何
等爲四一善知識二能聽法三思惟義四如
說脩行善男子若男若女具是四法則名大
夫善男子若有男子无此四法則不得名爲
丈夫也何以故身雖丈夫行同畜生如来調
伏若男若女是故歸佛調御丈夫復次善男
子如御馬者凡有四種一者觸毛二者觸皮
三者觸肉四者觸骨隨其所觸稱御者意如
来亦尒以四種法調伏衆生一爲說生令受
佛語如觸其毛隨御者意二說生老便受佛
語如觸毛皮隨御者意三者說生及以老病

佛語如觸其毛隨御者意二說生老便受佛
語如觸毛皮隨御者意三者說生及以老病
便受佛語如觸毛皮肉隨御者意四者說生
及老病死受佛語如觸毛皮肉骨隨御者意
善男子御者調馬无有決定如來世尊調
伏眾生必定不虛是故號佛調御丈夫云何
天人師師有二種一者善教二者惡教諸佛
菩薩常以善法教諸眾生何等善法謂身口
意善諸佛菩薩教諸眾生作如是言善男子
汝當遠離身不善業何以故以身惡業是可
遠離得解脫故是故我以此法教汝若是惡
業不可遠離得解脫者終不教汝令遠離也
若諸眾生離惡業已墮三惡者无有是處以
遠離故成阿耨多羅三藐三菩提得大涅槃

得之所以得道爲衆生説從本已來未脩梵
行今已脩竟以已所脩向衆生説自破无明
復爲衆生破壞无明自得淨目復爲衆生破
除盲冥令得淨眼自知二諦復爲衆生演説
二諦既自解脱復爲衆生説解脱法自度无
邊生死大河復令衆生皆悉得度自得无畏
復教衆生令无怖畏自既涅槃復爲衆生演
大涅槃是故歸佛爲无上師天者名晝天上
晝長夜短是故名天又復天者名无愁惱常
受快樂是故名天又復天者名爲燈明能破
黑闇而爲大明是故名天亦以能破惡業黑
闇得於善業而生天上是故名天又復天者
名吉以吉祥故得名爲天又復天者名日月
有光明故名曰爲天以是義故名爲天也人

有光明故名曰爲天以是義故名爲天也人
者名曰能多思義又復人者身口柔濡又復
人者名有憍慢又復人者能破憍慢善男子諸
佛雖爲一切衆生无上大師然經中說爲天
人師何以故善男子諸衆生中唯天与人
能發阿耨多羅三藐三菩提心能脩十善業
道能得須陁洹果斯陁含果阿那含果阿羅
漢果辟支佛道得阿耨多羅三藐三菩提是
故號佛爲天人師云何名佛佛者名覺既自
覺悟復能覺他善男子辟如有人覺知有賊
賊无能爲菩薩摩訶薩能覺一切无量煩惱
既覺了已令諸煩惱无所能爲是故名佛以
是覺故不生不老不病不死是故名佛婆伽

故有大功德无能勝故有大名聞遍十方故
又能種種大惠施故又於无量阿僧祇劫吐
女根故善男子若男若女有能如是脩念佛
者若行若住若坐若臥若晝若夜若明若闇
常得不離見佛世尊善男子何故名為如来
應正遍知乃至婆伽婆所有如是无量功德
大名稱耶善男子菩薩摩訶薩於昔无量阿
僧祇劫恭敬父母和上諸師上坐長老於无
量劫常為衆生所行布施堅持禁戒脩習忍
辱懃行精進禪定智慧大慈大悲大喜大捨
是故今得三十二相八十種好金剛之身又
復菩薩於昔无量阿僧祇劫脩習信念進定
慧根於諸師長恭敬供養常為法利不為衣

復菩薩於昔无量阿僧祇劫脩習信念進定
慧根於諸師長恭敬供養常為法利不為食
利菩薩若持十二部經若讀若誦常為衆生
令得解脱安隱快樂終不自為何以故菩薩
常脩出世間心及出家心无為之心无諍訟
心无垢穢心无繫縛心无取著心无覆蓋心
无无記心无生死心无疑因心无貪欲心无
瞋恚心无愚癡心无憍慢心无濁穢心无煩
惱心无苦心无量心廣大心虚空心无心无
无心調心不護心无覆藏心无世間心常定
心常脩心常解脱心无報心无願心善願心
无語心柔濡心不任心自在心无漏心第一
義心不退心无常心正直心无諂曲心純善
心无多少心无鞕心无凡夫心无聲聞心无

三念處常樂我淨是故得稱如來乃至婆伽
婆是名菩薩摩訶薩念佛云何菩薩摩訶薩
念法善男子菩薩摩訶薩思惟諸佛所說
法最妙最上因是法故能令衆生得見在果
唯此正法无有時節法眼所見非肉眼見然
不可以譬喻為比不生不出不住不滅不始
不終无為无數无舍宅者為作舍宅无歸作
歸无明作明未到彼岸令到彼岸為无香處
作无㝵香不可見見不動不轉不長不短永
斷諸樂而安隱樂畢竟微妙非色斷色而亦
是色乃至非識斷識而亦是識非業斷業非
結斷結非物斷物而亦是物非界斷界而亦
是界非有斷有而亦是有非入斷入而亦是

是衆非有斷有而亽是有非入斷入而亽是
入非因斷因而亽是因非果斷果而亽是果
非虛非實斷一切實而亽是實非生非滅永
斷生滅而亽是滅非相非非相斷一切相而
亽是相非教非不教而亽是師非怖非安斷
一切怖而亽是安非忍非不忍永斷不忍而
亽是忍非止非不止斷一切止而亽是上一
切法頃悉能永斷一切煩惱清淨无相永脫
諸相无量衆生畢竟住處能滅一切生死熾
火乃是諸佛所遊居處常不變易是名菩薩
念法云何念僧諸佛聖僧如法而住受正直
法隨順脩行不可覩見不可捉持不可破壞

无邊具心調柔平等无二无有攝濁常不變
易是名念僧云何念戒菩薩思惟有戒不破
不漏不壞不雜雖无形色而可護持雖无觸
對善脩方便可得具足无有過咎諸佛菩薩
之所讚嘆是大方等大涅槃因善男子辟如
大地船舫瓔珞大姓大海灰汁舍宅刀劍橋
梁良醫妙藥阿伽陁藥如意寶珠脚足眼目
父母蔭涼无能劫盜不可燒害火不能焚水
不能漂大山梯橙諸佛菩薩妙寶勝幢若住
是戒得須陁洹果我亦有分然我不須何以
故若我得是須陁洹果不能廣度一切衆生
若住是戒得阿耨多羅三藐三菩提我亦有
分是我所欲何以故若得阿耨多羅三藐三

分是我所欲何以故若得阿耨多羅三藐三
菩提當為衆生廣說妙法而作救護是名菩
薩摩訶薩念戒云何念施菩薩摩訶薩深觀
此施乃是阿耨多羅三藐三菩提因諸佛菩
薩親近脩習如是布施我亦如是親近脩習
若不惠施不能莊嚴四部之衆施雖不能畢
竟斷結而能除破現在煩惱以施因緣故常
為十方无量无邊恒河沙等世界衆生之所
稱嘆菩薩摩訶薩施衆生食則施其命以是
果報得佛之時常不變易以施樂故成佛之
時則得安樂菩薩施時如法求財不侵彼施
是故成佛得清淨涅槃菩薩施時令諸衆生
不求而得是故成佛得自在我以施因緣令

施爲涅槃因我亦如是脩習布施爲涅槃因
廣説如雜華中云何念天有四天王處乃至
非想非非想處若有信心得四天王處我亦
有分若戒多聞布施智慧得四天王處乃至
得非想非非想處我亦有分然非我欲何以
故四天王處乃至非想非非想處皆是无常
以无常故生老病死以是義故非我所欲譬
如幻化誑於愚夫智慧之人所不惑著如幻
化者即是四天王處乃至非想非非想處愚
者即是一切凡夫我則不同凡夫愚人我曾
聞有第一義天謂諸佛菩薩常不變易以常
住故不生不老不病不死我爲衆生精懃求
於第一義天何以故第一義天能令衆生除

於第一義天何以故第一義天能令衆生除
斷煩惱猶如意樹若我有信乃至有慧則能
得是第一義天當為衆生廣分别說第一義
天是名菩薩摩訶薩念天善男子是名菩薩
非世間也是為世間不知見覺亦是菩薩所
知見覺善男子若我弟子謂受持讀誦書寫
演說十二部經及以受持讀誦書寫敷演解
說大涅槃經等无差别者是義不然何以故
善男子大涅槃者即是一切諸佛世尊甚深
秘藏以是諸佛甚深秘藏是則為勝善男子
以是義故大涅槃經甚奇甚特不可思議迦
葉菩薩白佛言世尊我亦知是大涅槃經甚

湏言菩薩不可思議善男子菩薩摩訶薩无
有敎者所能自發菩提之心既發心已懃脩
精進正使大火焚燒身首終不求救捨念法
心何以故菩薩摩訶薩常自思惟我於无量
阿僧祇劫或在地獄餓鬼畜生人中天上爲
諸結火之所燒燃初不曾得一決定法決定
法者即是阿耨多羅三藐三菩提若我爲於
阿耨多羅三藐三菩提終不護惜身心与命
我爲阿耨多羅三藐三菩提正使碎身猶如
微塵終不放捨懃精進也何以故懃進之心
即是阿耨多羅三藐三菩提因善男子如是
菩薩未見阿耨多羅三藐三菩提乃能如是
不惜身命況復見已是故菩薩不可思議又

菩薩[illegible]
不惜身命況復見已是故菩薩不可思議又
復不可思議菩薩摩訶薩所見生死无量過
患非是聲聞緣覺所及雖知生死无量過悪
為衆生故於中受苦不生猒離是故復名不
可思議菩薩摩訶薩為衆生故雖在地獄受
諸苦惱如三禪樂是故復名不可思議善男
子譬如長者其家失火長者見已從舍而出
諸子在後未脫火難長者尒時定知火害為
諸子故還拕赴救不顧其難菩薩摩訶薩亦
復如是雖知生死多諸過患為衆生故處之
不猒是故復名不可思議善男子无量衆生
發菩提心見生死中多諸過悪心即退沒或

薩雖復未階初不動地而心堅固无有退沒
是故復名不可思議善男子若有人言我能
浮渡大海之水如是之言可思議不世尊如
是之言或可思議或不可思議何以故若人
度者則不可思議阿脩羅度則可思議善男
子我亦不說阿脩羅也正說人耳世尊人中
亦有可思議者不可思議者世尊人亦二種
一者聖人二者凡夫凡夫之人則不可思議
賢聖之人則可思議善男子我說凡夫不說
聖人世尊若凡夫人實不可思議善男子凡
夫之人實不能度大海水也如是菩薩實能
度於生死大海是故復名不可思議善男子

度於生死大海是故復名不可思議善男子
若有人能以藕根糸懸須弥山可思議不不也
世尊善男子菩薩摩訶薩於一念頃悉能
稱量一切生死是故復名不可思議善男子
菩薩摩訶薩已於无量阿僧祇劫常觀生死
无常无我无樂无淨而為衆生分別演說常
樂我淨雖如是說然非邪見是故復名不可
思議善男子如人入水水不能漂入大猛火
火不能燒如是之事不可思議菩薩摩訶薩
亦復如是雖處生死不為生死之所惱害是
故復名不可思議善男子人有三品謂上中
下下品之人初入胎時作是念言我今處廁
衆穢歸處如死屍間衆藜刺中大黑闇處初

於衆樹林中清淨河中房舍屋宅出時亦尒
上品之人作是念言我昇殿堂在華林間乘
馬乘象登涉高山出時亦尒菩薩摩訶薩初
入胎時自知入胎住時知住出時知出終不
生於貪瞋之心而未得階初住地也是故復
名不可思議善男子阿耨多羅三藐三菩提
實不可以譬喻為比善男子心亦不可以方
喻為比而皆可說菩薩摩訶薩无有師諮受
學之處而能得於阿耨多羅三藐三菩提得
是法已心无慳悋常為衆生而演說之是故
復名不可思議善男子菩薩摩訶薩有身遠
離非口有口遠離非身有身口而亦遠離
身遠離者謂離煞盜婬是名身離非口口遠

身遠離者謂離煞盜淫是名身離非口口遠
離者謂離妄語兩舌惡口无義語是名口離
非身非身非口之是遠離者所謂遠離貪嫉
瞋恚耶見善男子是名非身非口亦是遠離
善男子菩薩摩訶薩不見一法是身是業及
与離主亦之有離是故復名不可思議口之
如是善男子從身離身從口離口從慧遠離
非身非口善男子實有此慧然不能令菩薩
遠離何以故善男子无有一法能壞能作有
為法性異生異滅是故此慧不能遠離善男
子慧不能破火不能燒水不能爛風不能吹
地不能持生不能生老不能老住不能住壞
不能壞貪不能貪瞋不能瞋癡不能癡以有

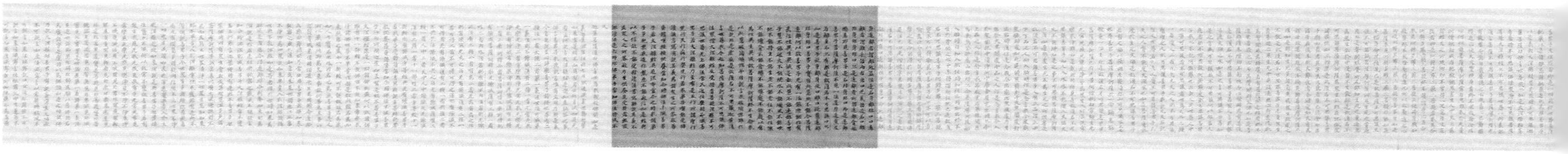

是說非是虛妄是故復名不可思議迦葉復
言世尊我今始知菩薩摩訶薩不可思議佛
法衆僧大涅槃經及受持者菩提涅槃不可
思議世尊无上佛法當久近住幾時而滅善
男子若大涅槃經乃至有是五行所謂聖行
梵行天行病行嬰兒行若我弟子有能受持
讀誦書寫演說其義為諸衆生之所恭敬尊
重讚嘆種種供養當知尒時佛法未滅善男
子若大涅槃經具足流布當尒之時我諸弟
子多犯禁戒造作衆惡不能敬信如是經典
以不信故不能受持讀誦書寫解說其義不
為衆人之所恭敬乃至供養見受持者輕毀
誹謗汝是六師非佛弟子當知佛法將滅不

誹謗汝是六師非佛弟子當知佛法將滅不
久
迦葉菩薩復白佛言世尊我親從佛聞如是
義迦葉佛法住世七日然後滅盡世尊迦葉
如来有是經不如其有者云何言滅如其无
者云何說言大涅槃經是諸如来秘密之藏
佛言善男子我先說言唯有文殊乃解是義
今當重說至心諦聽善男子諸佛世尊有二
種法一者世法二者第一義法世法可滅第
一義法則不壞滅復有二種一者无常无我
无樂无淨二者常樂我淨无常无我无樂无
淨則有壞滅常樂我淨則无壞滅復有二種
一者二乘所持二者菩薩所持二乘所持則

滅復有二種一者有為二者无為有為之法
則有壞滅无為之法无有壞滅復有二種一
者可得二者不可得可得之法則有壞滅不
可得者无有壞滅復有二種一者共法二者
不共共法壞滅不共之法无有壞滅復有二
種一者人中二者天中人中壞滅天无壞滅
復有二種一者十一部經二者方等經十一
部經則有壞滅方等經典无有壞滅善男子
若我弟子受持讀誦書寫解說方等經典恭
敬供養尊重讚嘆當知尒時佛法不滅善男
子汝向所問迦葉如來有是經不者善男子
大涅槃經悉是一切諸佛秘藏何以故諸佛
雖有十一部經不說佛性不說如來常樂我

大涅槃經悉是一切諸佛秘藏何以故諸佛
雖有十一部經不說佛性不說如來常樂我
淨諸佛世尊不畢竟涅槃是故此經名為如
来秘密之藏十一部經所不說故故名為藏
如人七寶不出外用名之為藏善男子是人
所以藏積此物為未来事故何等未来事所
謂穀貴賊来侵國值遇惡王為用贖命道路
艱難財難得時乃當出用善男子諸佛如来
秘密之藏亦復如是為未来世諸惡比丘畜
不淨物為四衆說如来畢竟入於涅槃讀誦
世典不敬佛經如是等惡現於世時如来為
欲滅是諸惡令得遠離邪命利養如来則為
演說是經若是經典秘密之藏滅不現時當

葉佛時所有衆生貪欲微薄智慧滋多多諸
菩薩摩訶薩等調柔易化有大威德揔持不
忘如大鳥王世界清淨一切衆生悉知如来
終不畢竟入於涅槃常住无變雖有是典不
須演說善男子今世衆生多諸煩惱愚癡喜
妄无有智慧多諸疑网信根不立世界不淨
一切衆生咸謂如来无常遷變畢竟入於大
般涅槃是故如来演說是典善男子迦葉佛
法寶亦不滅何以故常不變故善男子若有
衆生我見无我无我見我我常見无常无常見
常樂見无樂无樂見樂淨見不淨不淨見淨
不滅見滅滅見不滅罪見非罪非罪見罪輕
罪見重重罪見輕乘見非乘非乘見乘道見

不淚見淚淚見不淚罪見非罪見罪輕
罪見重重罪見輕乘見非乘非乘見乘道見
非道非道見道寶是菩提見非菩提寶非菩
提諦見菩提苦見非苦集見非集滅見非滅
寶見非寶寶是世諦見第一義諦第一義諦
見是世諦歸見非歸非歸見歸以真佛語名
為魔語寶是魔語以為佛語如是之時諸佛
乃說大涅槃經善男子寧說蚉嘴盡大海底
不可說言如来法滅寧言以索繫縛猛風不
可說言如来法滅寧說口吹須弥散壞不可
說言如来法滅寧言佉陁羅火中生蓮華不
可說言如来法滅寧說阿伽陁藥而為毒藥
不可說言如来法滅寧說月可令熱日可令

耨多羅三藐三菩提已未有弟子解甚深義
彼佛世尊便涅槃者當知是法不久住世復
次善男子若佛初出得阿耨多羅三藐三菩
提已有諸弟子解甚深義佛雖涅槃當知是
法久住於世復次善男子若佛初出得阿耨
多羅三藐三菩提雖有弟子解甚深義无有
篤信白衣檀越敬重佛法佛便涅槃當知是
法不久住世復次善男子若佛初出得阿耨
多羅三藐三菩提已有諸弟子解甚深義多
有篤信白衣檀越敬重佛法佛雖涅槃當知
是法久住於世復次善男子若佛初出得阿
耨多羅三藐三菩提已有諸弟子解甚深義
雖有篤信白衣檀越敬重佛法而諸弟子須

BD00327　大般涅槃經（异卷）卷一八

雖有篤信白衣檀越敬重佛法而諸弟子演
深經法貪為利養不為涅槃佛復滅度當知
是法不久住世復次善男子若佛初出得阿
耨多羅三藐三菩提已有諸弟子解甚深義
復有篤信白衣檀越敬重佛法彼諸弟子凡
所演說不貪利養為求涅槃佛雖滅度當知
是法久住於世復次善男子若佛初出得阿
耨多羅三藐三菩提已雖有弟子解甚深義
復有篤信白衣檀越敬重佛法而諸弟子多
起諍訟互相是非佛復涅槃當知是法不久
住世復次善男子若佛初出得阿耨多羅三
藐三菩提已雖有弟子解甚深義復有篤信
白衣檀越敬重佛法彼諸弟子循和敬法不

藐三菩提已雖有弟子解甚深義復有篤信
白衣檀越敬重佛法彼諸弟子爲大涅槃所
演說法互相恭敬不起諍訟然畜一切不淨
之物復自讚言我得須陁洹果乃至阿羅漢
果佛復涅槃當知是法不久住世復次善男
子若佛初出得阿耨多羅三藐三菩提已有
諸弟子解甚深義復有篤信白衣檀越敬重
佛法彼諸弟子爲大涅槃演說經法善脩和
敬互相尊重不畜一切不淨之物亦不自言
得須陁洹乃至得阿羅漢彼佛世尊雖復滅
度當知是法久住於世復次善男子佛初出
世得阿耨多羅三藐三菩提已有諸弟子乃
至不畜不淨之物又不自言得須陁洹至阿

至不畜不淨之物又不自言得須陁洹至阿
羅漢各執所見種種異說而作是言長老諸
佛所制四重之法乃至七滅諍法為衆生故
或遮或開十二部經亦復如是何以故佛知
國土時節各異衆生不同利鈍差別是故如
来或遮或開有輕重說善男子譬如良醫為
病服乳為病遮乳熱病聽服冷病則遮如来
亦尒觀諸衆生煩惱病根亦開亦遮長老我
親從佛聞如是義唯我知義汝不能知唯我
解律汝不能解我知諸經汝不能知彼佛復
滅當知是法不久住世復次善男子若佛初
出得阿耨多羅三藐三菩提已有諸弟子乃
至不言我得須陁洹果至阿羅漢亦不說言

十二部經此義若是我當受持如其非者我
當棄捨彼佛世尊雖復涅槃當知是法久住
於世善男子我法滅時有聲聞弟子或說有
神或說神空或說有中陰或說无中陰或說
有三世或說无三世或說有三乘或說无三
乘或言一切有或言一切无或言衆生有始
有終或言衆生无始无終或言十二因緣是
有為法或言因緣是无為法或言如来有病
苦行或言如来无病苦行或言如来不聽比
丘食十種肉何等為十人虵象馬驢狗師子
猪狐獼猴其餘悉聽或言一切不聽或言比
丘不作五事何等為五不賣生口刀酒酪沙
胡麻油其餘悉聽或言不聽入五種舍何等

胡麻油具餘恚聽或言不聽入五種舍何等
爲五屠兒婬女酒家王宮旃陁羅舍餘舍恚
聽或言不聽者憍舍耶衣餘一切聽或言如
来聽諸比丘畜衣食卧具其賈各直十万兩
金或言不聽或言涅槃常樂我淨或言涅槃
直是結盡更无別法名爲涅槃譬如縷織名
之爲衣衣既壞已名爲无衣實无別法名无
衣也涅槃之躰亦復如是善男子當尒之時
我諸弟子正說者少耶說者多受正法少受
耶法多受佛語少受魔語多善男子尒時拘
睒弥國有二弟子一者阿羅漢二者破戒破
戒徒衆凡有五百阿羅漢衆其數一百破戒
者說如来畢竟入於涅槃我親從佛聞如是

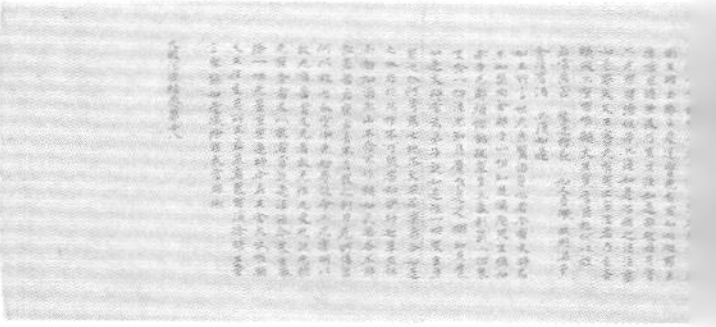

犯如是四重之法四重之法若是實罪阿羅
漢者終不應犯如来在世制言堅持臨涅槃
時悉皆放捨時阿羅漢諸比丘言長老汝不
應說如来畢竟入於涅槃我知如来常不變
易如来在世及涅槃後犯四重禁罪无差别
若言羅漢犯四重禁是義不然何以故須陁
洹人尚不犯禁况阿羅漢若長老言我言阿
羅漢阿羅漢者終不生想我得羅漢阿羅漢
者唯說善法不說不善長老所說純是非法
若有得見十二部經定知長老非阿羅漢善
男子尒時破戒比丘徒衆即共斷是阿羅漢
命善男子是時魔王因是二衆忿恚之心悉
共害是六百比丘尒時凡夫各共說言哀哉

共害是六百比丘尒時凡夫各共說言哀哉
佛法於是滅盡而我正法實不滅也是時其
國有十二万諸大菩薩善持我法云何當言
我法滅耶當于尒時閻浮提内无一比丘為
我弟子尒時波旬悉以大火焚燒一切所有
經典其中或有遺餘在者諸婆羅門即共偷
取處處採拾安置己典以是義故諸小菩薩
佛未出時率共信受婆羅門語諸婆羅門雖
作是說我有齋戒而諸外道真實无也諸外
道等雖復說言有我樂淨而實不解我樂淨
義直以佛法一字二字一句二句說言我典
有如是義尒時拘尸那城娑羅雙樹間无量
无邊阿僧祇衆聞是語已悉共唱言世間虛

僧之尒尒時大衆聞是語已啼哭即止悲歎
阿耨多羅三藐三菩提心尒時王舍大城阿
闍世王其性弊惡喜行煞戮具口四過貪恚
愚癡其心熾盛唯見現在不見未来純以惡
人而為眷屬貪著現在五欲樂故父王无辜
横加逆害因害父已心生悔熱身諸瓔珞伎
樂不御心悔熱故遍體生瘡其瘡臭穢不可
附近尋自念言我今此身已受華報地獄果
報將近不遠尒時其母韋提希以種種藥
而為傅之其瘡遂增无有降損王即白母如
是瘡者從心而生非四大起若言衆生有能
治者无有是處時有大臣名曰月稱往至王
所在一面立白言大王何故愁悴顏容不悅
為身痛也為心痛乎王答臣言我今身心豈

所在一面立白言大王何故愁悴顏容不悅
爲身痛也爲心痛乎王荅臣言我今身心豈
得不痛我父无辜横加逆害我從智者曾聞
是義世有五人不脫地獄謂五逆罪我今已
有无量无邊阿僧秖罪云何身心而得不痛
又无良醫治我身心臣言大王莫大愁苦即
說偈言
若常愁苦　愁遂增長　如人喜眠　眠則滋多
貪淫嗜酒　亦復如是
如王所言世有五人不脫地獄誰往見之來
語王耶言地獄者直是世間多智者說如王
所言世无良醫治身心者今有大醫名富蘭
那一切知見得自在定畢竟脩習清淨梵行
常爲无量无邊衆生演說无上涅槃之道爲

曰業无白業報无黑白業无黑白業報无有
上業及以下業是師今在王舍城中唯願大
王屈駕往彼可令是師療治身心時王荅言
審能如是滅除我罪我當歸依復有一臣名
曰藏得復往王所而作是言大王何故面貌
憔悴脣口乾燋音聲微細猶如怯人見大怨
敵顏色皴剥將何所苦為心痛耶為身痛乎
王即荅言我今身心云何不痛我之癡盲无
有慧目近諸惡友而為親善隨調婆達惡人
之言正法之王横加逆害我昔曾聞智人說
偈
若於父母　佛及弟子　生不善心　起於惡業
如是果報　在阿鼻獄

如是果報　在阿鼻獄
以是事故令我心怖生大苦惱又无良醫而
見救療大臣復言唯願大王且莫愁怖法有
二種一者出家二者王法王法者謂害其父
則王國土雖云是逆實无有罪如迦迦羅虫
要壞母腹然後乃生生法如是雖破母身實
亦无罪騾壞任身亦復如是治國之法法應
如是雖殺父王實无有罪出家法者乃至蚉
蟻殺亦有罪唯願大王寬意莫愁何以故
若常愁苦　愁遂增長　如人喜眠　眠則滋多
貪淫嗜酒　亦復如是
如王所言世无良醫治身心者今有大師名
末伽梨拘舍離子一切知見憐愍眾生猶如

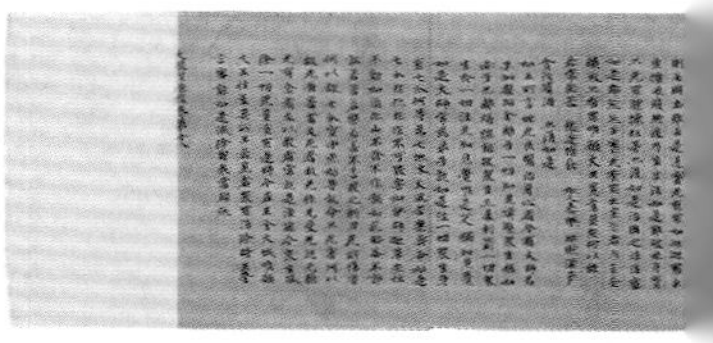

如是大師常為弟子說如是法一切衆生身
有七分何等為七地水火風苦樂壽命如是
七分非化非作不可毀害如伊師迦草安住
不動如須弥山不捨不作猶如乳酪各不諍
訟若苦若樂若善不善投之利刀无所傷害
何以故七分空中无妨㝵故命亦无害何以
故无有害者及死者故无作无受无說无聽
无有念者及以教者常說是法能令衆生滅
除一切无量重罪是師今在王舍大城唯願
大王往至其所王若見者衆罪消除時王荅
言審能如是滅除罪我當歸依

大般涅槃経卷第十八

大般涅槃經卷第十八

BD00328 金光明最勝王經卷二

（唐）義净 譯

284cm × 31cm

中除不逼惱障入於三地於此地中除心輭淨障入於四地於此地中除善方
便障入於五地於此地中除見真俗障入於六地於此地中除見行相障入於
七地於此地中除不見滅相障入於八地於此地中除不見生相障入於九地
於此地中除六通障入於十地於此地中除所知障除根本心入如来地如来
地者由三淨故名極清淨云何為三一者煩惱淨二者苦淨三者相淨 譬
如真金鎔銷冶鍊既燒打已無復塵垢為顯金性本清淨故金體清
淨非謂無金譬如濁水澄渟清淨 無復滓穢為顯水性本清淨故非
謂無水如是法身與煩惱雜苦集除已 無復餘習為顯佛性本清淨故
非謂無體譬如虛空烟雲塵霧之所障蔽若除屏已是空界淨非謂
無空如是法身一切衆苦悉皆盡故說為清淨非謂無體譬如有人
於睡夢中見大河水漂泛其身運手動足截流而渡得至彼岸由彼身心
不懈退故從夢覺已不見有水彼此岸別非謂無心生死妄想既滅盡
已是覺清淨非謂無覺如是法界一切妄想不復生故說為清淨非是
諸佛無其實體 復次善男子是法身者惑障清淨能現應 身
業障清淨能現化身智障清淨能現法身譬如依空出電依電出光

如一味如如解脫如如究竟如如是故諸佛體無有異善男子若有善
男子善女人說於如來是我大師若作如是決定信者此人即應深心解
了如來之身無有別異善男子以是義故於諸境界不正思惟悉皆
除斷即知彼法無有二相亦無分別聖所修行如如於彼無有二相正修
行故如是如是一切諸障悉皆除滅如如一切障滅如是如是法如如如如智
得最清淨如如法界正智清淨如是如是一切自在具足攝受皆得成就一
切諸障悉皆除滅一切諸障得清淨故是名真如正智真實之相如是
見者是名聖見是則名為真實見佛何以故如實得見法真如故是
故諸佛悉能普見一切如來何以故聲聞獨覺已出三界求真實境不
能知見如是聖人所不知見一切凡夫皆生疑惑顛倒分別不能得度如兔
浮海必不能過所以者何力微劣故凡夫之人亦復如是不能通達法如
如故然諸如來無分別心於一切法得大自在具足清淨深智慧故是自境
界不共他故是故諸佛如來於無量無邊阿僧祇劫不惜身命難行苦行
方得此身最上無比不可思議過言說境是妙寂靜離諸怖畏
善男子如是知見法真如者無生老死壽命無限無有睡眠亦無飢渴
心常在定無有散動若於如來起諍論心是則不能見於如來諸佛所說

心常在定無有散動若於如來起諍論心是則不能見於如來諸佛所説
皆能利益有聽聞者無不解脱諸惡禽獸惡人惡鬼不相逢值由聞法
故果報無盡然諸如來无無記事一切境界無欲知心生死涅槃無有
異想如來所記無不決定諸佛如來四威儀中無非智攝一切諸法無有
不為慈悲所攝無有不為利益安樂諸衆生者善男子若有善男子
善女人於此金光明經聽聞信解不墮地獄餓鬼傍生阿蘇羅道常
處人天不生下賤恒得親近諸佛如來聽受正法常生諸佛清淨國
土所以者何由得聞此甚深法故是善男子善女人則為如來已知已
記當得不退阿耨多羅三藐三菩提若善男子善女人於此甚深微
妙之法一經耳者當知是人不謗如來不毀正法不輕聖衆一切衆生未
種善根令得種故已種善根令增長成熟故一切世界所有衆生皆勸
修行六波羅蜜多
尒時虛空藏菩薩梵釋四王諸天衆等即
從座起偏袒右肩合掌恭敬頂禮佛足白佛言世尊若所在處講説
如是金光明微妙經典於其國土有四種利益何者為四一者國王軍衆
強盛無諸怨敵離於疾病壽命延長吉祥安樂正法興顯二者中宮
妃后王子諸臣和悅無諍離於謟佞王所愛重三者沙門婆羅門及諸

敬三寶皆願修習菩提之行是爲四種利益之事世尊我等亦常爲
弘經故隨逐如是持經之人所在住處爲作利益佛言善哉善哉善
男子如是如是汝等應當勤心流布此妙經王則令正法久住於世

金光明最勝王經夢見懺悔品第四

尒時妙幢菩薩親於佛前聞妙法已歡喜踊躍一心思惟還至本處於夜
夢中見大金鼓光明晃耀猶如日輪於此光中得見十方無量諸佛於寶
樹下坐瑠璃座無量百千大衆圍繞而爲說法見一婆羅門桴擊金鼓出大
音聲聲中演說微妙伽他明懺悔法妙幢聞已皆悉憶持繫念而住
至天曉已與無量百千大衆圍繞持諸供具出王舍城詣鷲峯山至世
尊所禮佛足已布設香花右繞三匝退坐一面合掌恭敬瞻仰尊顔白
佛言世尊我於夢中見婆羅門以手執桴擊妙金鼓出大音聲聲中
演說微妙伽他明懺悔法我皆憶持唯願世尊降大慈悲聽我所
說即於佛前而說頌曰

我於昨夜中　夢見大金鼓　其形極姝妙　周遍有金光　猶如盛日輪
光明皆普耀　充滿十方界　咸見於諸佛　在於寶樹下　各處瑠璃座

光明皆普耀　光滿十方界　咸見於諸佛　在於寶樹下　各處瑠璃座
無量百千衆　恭敬而圍繞　有一婆羅門　以杖擊金鼓　於其鼓聲內
說此妙伽他
金光明鼓出妙聲　遍至三千大千界　能滅三塗極重罪　及以人中諸苦厄
由此金鼓聲威力　永滅一切煩惱障　斷除怖畏令安隱　譬如自在牟尼尊
佛於生死大海中　積行修成一切智　能令衆生覺品具　究竟咸歸功德海
由此金鼓出妙聲　普令聞者獲梵響　證得無上菩提果　常轉清淨妙法輪
住壽不可思議劫　隨機說法利群生　能斷煩惱衆苦流　貪瞋癡等皆除滅
若有衆生處惡趣　大火猛焰周遍身　若得聞是妙鼓音　即能離苦歸依佛
皆得成就宿命智　能憶過去百千生　悉皆正念牟尼尊　得聞如來甚深教
由聞金鼓勝妙音　常得親近於諸佛　悉能捨離諸惡業　純修清淨諸善品
一切天人有情類　殷重至誠祈願者　得聞金鼓妙音聲　能令所求皆滿足
衆生墮在無間獄　猛火炎熾苦焚身　無有救護處輪迴　聞者能令苦除滅
人天餓鬼傍生中　所有現受諸苦難　得聞金鼓發妙響　皆蒙離苦得解脫
現在十方界　常住兩足尊　願以大悲心　哀愍憶念我　衆生無歸依
亦無有救護　為如是等類　能作大歸依　我先所作罪　極重諸惡業

心恒起邪念　口陳於惡言　不見於過罪　常造諸惡業　恒作愚夫行
無明闇覆心　隨順不善友　常造諸惡業　或因諸戲樂　或復懷憂惱
為貪瞋所纏　故我造諸惡　親近不善人　及由慳嫉意　貧窮行諂誑
故我造諸惡　雖不樂衆過　由有怖畏故　及不得自在　故我造諸惡
或為躁動心　或因瞋恚恨　及以飢渴惱　故我造諸惡　由飲食衣服
及貪愛女人　煩惱火所燒　故我造諸惡　於佛法僧衆　不生恭敬心
作如是衆罪　我今悉懺悔　於獨覺菩薩　亦無恭敬心　作如是衆罪
我今悉懺悔　無知謗正法　不孝於父母　作如是衆罪　我今悉懺悔
由愚癡憍慢　及以貪瞋力　作如是衆罪　我今悉懺悔　我於十方界
供養無數佛　當願拔衆生　令離諸苦難　願一切有情　皆令住十地
福智圓滿已　成佛道群迷　我為諸衆生　苦行百千劫　以大智慧力
皆令出苦海　我為諸含識　演說甚深經　最勝金光明　能除諸惡業
若人百千劫　造諸極重罪　暫時能發露　衆惡盡消除　依此金光明
作如是懺悔　由斯能速盡　一切諸苦業　勝定百千種　不思議總持
根力覺道支　修習常無倦　我當至十地　具足珎寶處　圓滿佛功德
濟度生死流　我於諸佛海　甚深功德藏　妙智難思議　皆令得具足

根力覺道支 修習常無倦 我當至十地 具足珍寶處 圓滿佛功德
濟度生死流 我於諸佛海 甚深功德藏 妙智難思議 皆令得具足
唯願十方佛 觀察護念我 皆以大悲心 哀受我懺悔 我於多劫中
所造諸惡業 由斯生苦惱 哀愍願消除 我造諸惡業 常生憂怖心
於四威儀中 曾無歡樂想 諸佛具大悲 能除衆生怖 願受我懺悔
令得離憂苦 我有煩惱障 及以諸報業 願以大悲水 洗濯令清淨
我先作諸罪 及現造惡業 至心皆發露 咸願得蠲除 未來諸惡業
防護令不起 設令有違者 終不敢覆藏 身三語四種 意業復有三
繫縛諸有情 無始恒相續 由斯三種行 造作十惡業 如是衆多罪
我今皆懺悔 我造諸惡業 苦報當自受 今於諸佛前 至誠皆懺悔
於此贍部洲 及他方世界 所有諸善業 今我皆隨喜 願離十惡業
修行十善道 安住十地中 常見十方佛 我以身語意 所修福智業
願以此善根 速成無上慧
我今親對十力前 發露衆多苦難事 凡愚迷惑三有難 恒造極重惡業難
我所積集欲邪難 常起貪愛流轉難 於此世間耽著難 一切愚夫煩惱難
狂心散動顛倒難 及以親近惡友難 於生死中貪染難 瞋癡闇鈍造罪難

身色金光淨無垢　目如清淨紺琉璃　吉祥威德名稱尊　大悲慧日除衆闇
佛日光明常普遍　普淨無垢離諸塵　牟尼月照極清凉　能除衆生煩惱熱
三十二相遍莊嚴　八十隨好皆圓滿　福德難思無與等　如日流光照世間
色如瑠璃淨無垢　猶如滿月處虛空　妙頗梨網映金軀　種種光明以嚴飾
於生死苦暴流內　老病憂愁水所漂　如是苦海難堪忍　佛日舒光令永竭
我今稽首一切智　三千世界希有尊　光明晃耀紫金身　種種妙好皆嚴飾
如大海水量難知　大地微塵不可數　如妙高山巨稱量　亦如虛空無有際
諸佛功德亦如是　一切有情不能知　於無量劫諦思惟　無有能知德海岸
盡此大地諸山岳　析如微塵能筭知　毛端渧海尚可量　佛之功德無能數
一切有情皆共讚　世尊名稱諸功德　清淨相好妙莊嚴　不可稱量知分齊
我之所有衆善業　願得速成無上尊　廣說正法利群生　悉令解脫於衆苦
降伏大力魔軍衆　當轉無上正法輪　久住劫數難思議　充足衆生甘露味
猶如過去諸最勝　六波羅蜜皆圓滿　滅諸貪欲及瞋癡　降伏煩惱除衆苦
願我常得宿命智　能憶過去百千生　亦常憶念牟尼尊　得聞諸佛甚深法
願我以斯諸善業　奉事無邊最勝尊　遠離一切不善因　恒得修行真妙法

願我以斯諸善業　奉事無邊衆勝尊　遠離一切不善因　恒得修行真妙法
一切世界諸衆生　悉皆離苦得安樂　所有諸根不具足　令彼身相皆圓滿
若有衆生遭病苦　身形羸瘦無所依　咸令病苦得消除　諸根色力皆充滿
若犯王法當刑戮　衆苦逼迫生憂惱　彼受如斯極苦時　無有歸依能救護
若受鞭杖枷鎖繫　種種苦具切其身　無量百千憂惱時　逼迫身心無暫樂
皆令得免於繫縛　及以鞭杖苦楚事　將臨刑者得命全　衆苦皆令永除盡
若有衆生飢渴逼　令得種種殊勝味　盲者得視聾者聞　跛者能行瘂能語
貧窮衆生獲寶藏　倉庫盈溢無所乏　皆令得受上妙樂　無一衆生受苦惱
一切人天皆樂見　容儀溫雅甚端嚴　悉皆現受無量樂　受用豐饒福德具
隨彼衆生念伎樂　衆妙音聲皆現前　念水即現清涼池　金色蓮花泛其上
隨彼衆生心所念　飲食衣服及牀敷　金銀珍寶妙瑠璃　瓔珞莊嚴皆具足
勿令衆生聞惡響　亦復不見有相違　所受容貌悉端嚴　各各慈心相愛樂
世間資生諸樂具　隨心念時皆滿足　所得珍財無悋惜　分布施與諸衆生
燒香末香及塗香　衆妙雜花非一色　每日三時從樹墮　隨心受用生歡喜
普願衆生咸供養　十方一切最勝尊　三乘清淨妙法門　菩薩獨覺聲聞衆
常願勿處於卑賤　不墮無暇八難中　生在有暇人中尊　恒得親承十方佛

常見十方無量佛　寶王樹下而安處　處妙琉璃師子座　恒得親承轉法輪
若於過去及現在　輪迴三有造諸業　能招可猒善趣　願得消滅永無餘
一切衆生於有海　生死羂網堅牢縛　願以智劍爲斷除　離苦速證菩提處
衆生於此贍部內　或於他方世界中　所作種種勝福因　我今皆悉生隨喜
以此隨喜福德事　及身語意造衆善　願此勝業常增長　速證无上大菩提
所有禮讚佛功德　深心清淨無瑕穢　迴向發願福無邊　當超惡趣六十劫
若有男子及女人　婆羅門等諸勝族　合掌一心讚歎佛　生生常憶宿世事
諸根清淨身圓滿　殊勝功德皆成就　願於未來所生處　常得人天共瞻仰
非於一佛十佛所　修諸善根今得聞　百千佛所種善根　方得聞斯懺悔法
尒時世尊聞此說已讚妙幢菩薩言善哉善哉善男子如汝所夢金
鼓出聲讚歎如來真實功德并懺悔法若有聞者獲福甚多廣利
有情滅除罪障汝今應知此之勝業皆是過去讚歎發願宿習因緣
及由諸佛威力加護此之因緣當爲汝說時諸大衆聞是法已咸皆歡喜信
受奉行

金光明最勝王經卷第二

BD00329 無量壽宗要經（甲本）

BD00329v 寺院題名

172cm × 30.5cm

大乘无量无量壽經

如是我聞一時薄伽梵在舍衛國祇樹給孤獨園與大苾芻僧千二百五十人大菩
摩訶薩衆俱同會坐尒時世尊告曼殊室利童子曼殊上方有世界名无量
功德聚彼土有佛号无量智決定王如來阿羅訶三藐三菩提現為衆生開示
説法曼殊諦聽南閻浮提人皆短壽大限百千於中殀枉横死者衆曼殊如
是无量壽如來功德名稱法要若有衆生得聞名号若自書或使人書能為
經卷受持讀誦若於舍宅所住之處以種種花鬘瓔珞塗香末香而為供養
如其命盡復得長壽遂年滿足百歲如是曼殊若有衆生得聞是无量壽智
決定王如來一百八号名号者益其長壽若有衆生大命將盡憶念是如來名
号更得增壽如是曼殊若有善男子善女人欲求長壽於是无量壽如來一百
八号有得聞者或自書若使人書受持讀誦得如是等果報福德具足陁羅尼曰
南謨薄伽勃底　阿波唎蜜哆　阿喻紇硯娜　須毗你悉指陁　囉佐耶　怛他羯他耶
怛姪他唵　薩婆桑悉迦羅　波唎輸䭾　達磨底　伽伽娜　莎訶某特迦底　薩婆婆毗
輸䭾　摩訶娜耶　波唎婆唎莎訶　世尊復告曼殊室利如是如來一百八名号
若有自書或使人書為經卷受持讀誦如壽命盡復滿年壽終此身後得
往生无量福智世界无量壽淨土陁羅尼曰　南謨薄伽勃底　阿波唎蜜多一

喻佉硯娜 須毗你悉指陀 囉佐耶 怛姪他唵 薩婆桑悉迦囉 波唎輸
底 達磨底 伽伽娜 莎訶某特迦底 薩婆婆毗輸底 摩訶娜耶波唎婆唎莎訶
尒時有九十九姟佛等一時同聲說是无量壽宗要經陀羅尼曰 南謨薄伽勃底
阿波唎蜜多 阿喻佉硯娜 須毗你悉指陀 囉佐耶 怛他羯他耶 怛姪他唵 薩婆桑悉迦
波唎輸底 達磨底 伽伽娜 莎訶某特迦底 薩婆婆毗輸底 摩訶娜耶 波唎婆唎莎訶 十五
尒時復有一百四姟佛一時同聲說是无量壽宗要經陀羅尼曰 南謨薄伽勃底 阿波
唎蜜多 阿喻佉硯娜 須毗你悉指陀 囉佐耶 怛他羯他耶 怛姪他唵 薩婆桑悉迦囉 波唎輸
底 達磨底 伽伽娜 莎訶某特迦底 薩婆婆毗輸底 摩訶娜耶 波唎婆唎莎訶 十五
尒時復有七姟佛一時同聲說是无量壽宗要經陀羅尼曰 南謨薄伽勃底 阿波
唎蜜多 阿喻佉硯娜 須毗你悉指陀 囉佐耶 怛他羯他耶 怛姪他唵 薩婆桑悉迦囉 波唎輸
底 達磨底 伽伽娜 莎訶某特迦底 薩婆婆毗輸底 摩訶娜耶 波唎婆唎莎訶 十五
尒時復有六十五姟佛一時同聲說是无量壽宗要經陀羅尼曰 南謨薄伽勃底
阿波唎蜜多 阿喻佉硯娜 須毗你悉指陀 囉佐耶 怛他羯他耶 怛姪他唵 薩婆桑悉迦囉 波唎輸
底 達磨底 伽伽娜 莎訶某特迦底 薩婆婆毗輸底 摩訶娜耶 波唎婆唎莎訶 十五
尒時復有五十五姟佛一時同聲說是无量壽宗要經陀羅尼曰 南謨薄伽勃底 阿波
唎蜜多 阿喻佉硯娜 須毗你悉指陀 囉佐耶 怛他羯他耶 怛姪他唵 薩婆桑悉迦囉 波唎輸底
達磨底 伽伽娜 莎訶某特迦底 薩婆婆毗輸底 摩訶娜耶 波唎婆唎莎訶 十五

達磨底　伽迦娜　莎訶某特迦底　薩婆婆毗輸底　摩訶娜耶　波唎婆唎莎訶十五
尒時復有四十五殑佛一同聲說是无量壽宗要經陁羅尼曰　南謨薄伽勃底　阿
波唎蜜多　阿喻紇硯娜　須毗你悉指陁　囉佐耶　怛他羯他耶　怛姪他唵　薩婆桑悉迦羅　波唎輸
底　達磨底　伽迦娜　莎訶某特迦底　薩婆婆毗輸底　摩訶娜耶　波唎婆唎莎訶十五
尒時復有三十六殑佛一時同聲說是无量壽宗要經陁羅尼曰　南謨薄伽勃底　阿波
唎蜜多　阿喻紇硯娜　須毗你悉指陁　囉佐耶　怛他羯他耶　怛姪他唵　薩婆桑悉迦羅　波唎輸底
達磨底　伽迦娜　莎訶某特迦底　薩婆婆毗輸底　摩訶娜耶　波唎婆唎莎訶十五
尒時復有二十五殑佛一時同聲說是无量壽宗要經陁羅尼曰　南謨薄伽勃底
阿波唎蜜多　阿喻紇硯娜　須毗你悉指陁　囉佐耶　怛他羯他耶　怛姪他唵　薩婆桑悉迦羅　波唎
輸底　達磨底　伽迦娜耶　莎訶某特迦底　薩婆婆毗輸底　摩訶娜耶　波唎婆唎莎訶
尒時復有恒河沙殑佛一時同聲說是无量宗要經陁羅尼曰　南謨薄伽勃底
阿波唎蜜多　阿喻紇硯娜　須毗你悉指陁　囉佐耶　怛他羯他耶　怛姪他唵　薩婆桑悉迦羅　波
唎輸底　達磨底　伽迦娜　莎訶某特迦底　薩婆婆毗輸底　摩訶娜耶　波唎婆唎莎訶十五
善男子若有自書寫教人書寫是无量壽宗要經如其命盡復得長壽而滿年
陁羅尼曰　南謨薄伽勃底　阿波唎蜜多　阿喻紇硯娜　須毗你悉指陁　囉佐耶　怛他羯羯他耶　怛
姪他唵　薩婆桑悉迦羅　波唎輸底　達磨底　伽迦娜　莎訶某特迦底　薩婆婆毗輸底
摩訶娜耶　波唎婆唎莎訶十五　若有自書寫教人書寫是无量壽宗要經讀誦受持

畢竟不墮地獄在在所生得宿命智陀羅尼曰 南謨薄伽勃底 阿波唎蜜多 阿喻
紇硯娜 須毗你悉指陀 羅佐耶 怛他羯他耶 怛姪他唵 薩婆桑悉迦羅 波唎輸底 達磨
底 伽迦娜 莎訶其特迦底 薩婆娑毗輸底 摩訶娜耶 波唎波唎莎訶
若有自書寫教人書寫是无量壽宗要經受持讀誦如同書寫八万四千一切經
典陀羅尼曰 南謨薄伽勃底 阿波唎蜜多 阿喻紇硯硯娜 須毗你悉指陀 羅佐耶 怛他羯
他耶 怛姪他唵 薩婆桑悉迦羅 波唎輸底 達磨底 伽迦娜 莎訶其特迦底 莎婆娑毗
輸底 摩訶娜耶 波唎婆唎莎訶 若有自書寫教人書寫是无量壽宗要經
即是書寫八万四千部建立塔廟陀羅尼曰 南謨薄伽勃底 阿波唎蜜多 阿喻紇硯娜
須毗你悉指陀 羅佐耶 怛他羯他耶 怛姪他唵 薩婆桑悉迦羅 波唎輸底 達磨底 伽迦
娜 莎訶其特迦底 薩婆娑毗輸底 摩訶娜耶 波唎婆唎莎訶
若有自書寫教人書寫是无量壽宗要經能消五无間等一切重罪陀羅尼曰
南謨薄伽勃底 阿波唎蜜多 阿喻紇硯娜 須毗你悉指陀 羅佐耶 怛他羯他耶 怛姪他唵 薩
婆桑悉迦羅 波唎輸底 達磨底 伽迦娜 莎訶其特迦底 薩婆娑毗輸底 摩訶娜耶
波唎婆唎莎訶 若有自書寫教人書寫是无量壽宗要經受持讀誦設有
罪猶如須弥盡能除滅陀羅尼曰 南謨薄伽勃底 阿波唎蜜多 阿喻紇硯娜 須毗你悉
指陀 羅佐耶 怛他羯他耶 怛姪他唵 薩婆桑悉迦羅 波唎輸底 達磨底 伽迦娜 莎訶
其特迦底 薩婆娑毗輸底 摩訶娜耶 波唎婆唎莎訶 若有自書寫教人書寫

其特迦底　薩婆婆毗輸底　摩訶娜耶　波唎婆唎莎訶　十五　若有自書寫教人書寫
是无量壽宗要經受持讀誦若魔子之眷屬夜叉羅剎不得其便終无枉死陀
羅尼曰　南謨薄伽勃底　阿波唎蜜多　阿喻紇硯娜　須毗你悉指陀　羅佐耶　怛他羯他耶
怛姪他唵　薩婆桑悉迦羅　波唎輸底　達磨底　伽迦娜耶　莎訶其特迦底　薩婆婆毗輸
底　摩訶娜耶　波唎婆唎莎訶　十六　若有自書寫教人書寫是无量壽宗要經
受持讀誦當命終時有九十九億佛現其人前來千佛受手能遊一切佛剎　莫於
此經生於疑惑陀羅尼曰　南謨薄伽勃底　阿波唎蜜多　阿喻紇硯娜　須毗你悉指陀
羅佐耶　怛他羯他耶　怛姪他唵　薩婆桑悉迦羅　波唎輸底　達磨底　伽迦娜　莎訶
其特伽底　薩婆婆毗輸底　摩訶娜耶　波唎婆唎莎訶　十七　若有自書寫教人書
寫是无量壽宗要經受持讀誦常得四天天王隨其護衛陀羅尼曰　南謨
薄伽勃底　阿波唎蜜多　阿喻紇硯娜　須毗你悉指陀羅佐耶　怛他羯他耶　怛姪他唵　薩
婆桑悉迦羅　波唎輸底　達磨底　伽迦娜　莎訶其特迦底　薩婆婆毗輸
底　摩訶娜耶　波唎婆唎莎訶　十八　若有自書寫教人書寫是无量壽
宗要經受持讀誦當得往生西方極樂世界阿彌陀淨土陀羅尼曰
南謨薄伽勃底　阿波唎蜜多　阿喻紇硯娜　須毗你悉指陀　羅佐耶　怛他羯他耶　怛
姪他唵　薩婆桑悉迦羅　波唎輸底　達磨底　伽迦娜　莎訶其特迦底
薩婆婆毗輸底　摩訶娜耶　波唎婆唎莎訶　十九

若有方所自書寫使人書寫是无量壽經典之處則為是塔皆應恭敬作礼
若是畜生或為鳥獸得是經如是等類皆當不久得成一切種智陀羅尼曰 南謨薄
伽勃底 阿波利蜜多 阿喻紇硯娜 須毗你失指陀 囉佐耶 怛他羯他耶 怛姪他唵 薩婆
桑悉迦羅 波唎輸底 達磨底 伽伽娜 莎訶其特迦底 薩婆婆毗輸底 摩訶娜耶
波唎婆唎莎訶 十五 若有於无量壽經自書寫若使人書畢竟不受女人之身陀
羅尼曰 南謨薄伽勃底 阿波唎蜜多 阿喻紇硯娜 須毗你失指陀 囉佐耶 怛他羯他
耶 怛姪他唵 薩婆桑悉迦羅 波唎蜜底 達磨底 伽伽娜 莎訶其特迦底 薩婆
婆毗輸底 摩訶娜 波唎婆唎莎訶 十五 若有能於是經少分能惠施者等於三千
大千世界滿中七寶布施陀羅尼曰 南謨薄伽勃底 阿波唎蜜多 阿喻紇硯娜 須毗
你失指陀 囉佐耶 怛他羯他耶 怛姪他唵 薩婆桑悉迦羅 波唎輸輸底 達磨底 伽伽娜
莎訶其特迦底 薩婆婆毗輸底 摩訶娜耶 波唎波唎莎訶 十七 若有能供養是經者則
是供養一切諸經等无有異陀羅尼曰 南謨薄伽勃底 阿波唎蜜多 阿喻紇硯娜
須毗你失指陀 囉佐耶 怛他羯他耶 怛姪他唵 薩婆桑悉迦羅 波唎輸底 達磨底
伽伽娜 莎訶其特迦底 薩婆婆毗輸底 摩訶娜 波唎婆唎莎訶 十七 如是毗婆尸佛
尸棄佛 毗舍浮佛 俱留孫佛 俱那含牟尼佛 迦葉佛 釋迦牟尼佛 若有人以七寶
供養如是七佛其福有限書寫受持是无量壽經典所有功德不可限量陀羅尼曰
南謨薄伽勃底 阿波唎蜜多 阿喻紇硯娜 須毗你失指陀 囉佐耶 怛他羯他耶 怛姪他唵

南謨薄伽勃底 阿波唎蜜多 阿瑜紇硯娜 須毗你悉指陁 囉佐耶 怛他羯他耶 怛姪他唵
薩婆桒悉迦羅 波唎輸底 莗摩底 伽迦娜 莎訶其特迦底 薩婆婆毗輸底 摩訶
娜耶 波唎婆唎莎訶 去 若有七寶等於須弥以用布施其福上能知其限量是无
量壽經典其福不可知數陁羅尼曰 南謨薄伽勃底 阿波唎蜜多 阿瑜紇硯娜 須毗你
悉指陁 羅佐耶 怛他羯他耶 怛姪他唵 薩婆桒悉迦羅 波唎輸底 莗摩底 伽迦娜 莎
訶其特迦底 薩婆婆毗輸底 摩訶娜耶 波唎婆唎莎訶 去 如是四天海水可知滴數
是无量壽經典所生果報不可數量陁羅尼曰 南謨薄伽勃底 阿波唎蜜多 阿瑜
紇硯娜 須毗你悉指陁 羅佐耶 怛他羯他耶 怛姪他唵 薩婆桒悉迦羅 波唎輸底 莗磨底
伽迦娜 莎訶其特迦底 薩婆婆毗輸底 摩訶娜耶 波唎婆唎莎訶 去 若有自書使
人書寫是无量壽經典又能護持供養即如恭敬供養一切十方佛土如來无有別
異陁羅尼曰 南謨薄伽勃底 阿波唎蜜多 阿喻紇硯娜 須毗你悉指陁 羅佐耶 怛他羯他
耶 怛姪他唵 薩婆桒悉迦羅 波唎輸底 莗磨底 伽迦娜 莎訶其特迦底 薩婆婆毗輸
底 摩訶娜耶 波唎婆唎莎訶 去

布施力能成正覺 悟布施力人師子 布施力能聲普聞 慈悲階漸最能入
持戒力能成正覺 悟持戒力人師子 持戒力能聲普聞 慈悲階漸最能入
忍辱力能成正覺 悟忍辱力人師子 忍辱力能聲普聞 慈悲階漸最能入
精進力能成正覺 悟精進力人師子 精進力能聲普聞 慈悲階漸最能入

禪定力能成正覺　悟禪定力人師子　禪定力能聲普聞　慈悲階漸最能入
智慧力能成正覺　悟智慧力人師子　智慧力能聲普聞　慈悲階漸最能入
尒時如來說是經已，一切世間天人阿脩羅揵闥婆等聞佛所
說，皆大歡喜，信受奉行
佛說无量壽宗要經卷

宗文承

BD00329v　寺院題名

BD00330 大般涅槃經卷一〇

（北涼）曇無讖 譯

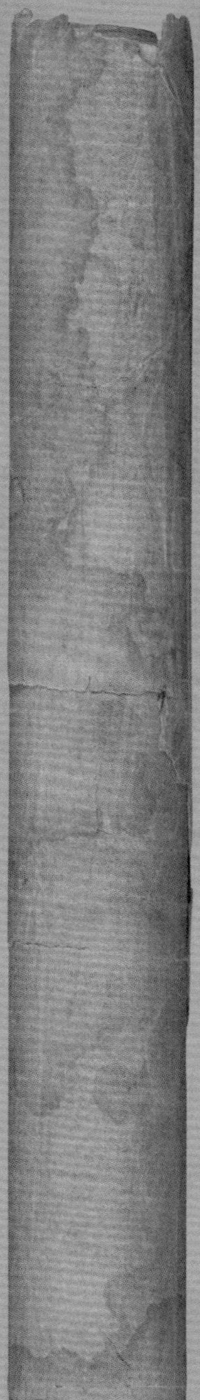

888.1cm × 25.8cm

大般

尒時文殊師利白佛

疑心唯願如来重為

男子云何疑心汝當說

利言純陀心疑如来常住以得知

故若見佛性而為常者本未見時應是无常

若本无常後亦應尒何以故如世間物本无

今有已有還无如是等物悉是无常以是義

故諸佛菩薩聲聞緣覺无有差別尒時世尊

即說偈言

本有今无　本无今有　三世有法　无有是處

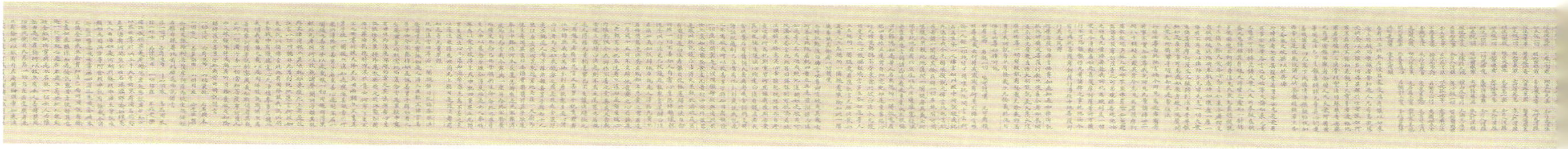

教我今始解諸佛菩薩聲聞緣覺之有差別
之无差別
迦葉菩薩白佛言世尊如來所說諸佛菩薩
聲聞緣覺性无差別唯願如來分別廣說利
益安樂一切衆生佛言善男子諦聽諦聽當
為汝說善男子譬如長者若長者子多畜乳
牛有種種色常令一人守護將養是人有時
為祠祀故盡攦諸牛著一器中見其乳色同
一白色尋便驚怪牛色各異其乳云何皆同
一色是人思惟如此一切皆是衆生業報因
緣令乳色一善男子聲聞緣覺菩薩之尒同
一佛性猶如彼乳所以者何同盡漏故而諸

緣令乳色一善男子聲聞緣覺菩薩之尒同
一佛性猶如彼乳所以者何同盡漏故而諸
衆生言佛菩薩聲聞緣覺而有差別有諸聲
聞凡夫之人疑於三乘云何无別是諸衆生
久後自解一切三乘同一佛性猶如彼人悟
解乳相由業因緣
復次善男子辟如金鑛陶鍊滓穢然後消融
成金之後賈直无量善男子聲聞緣覺菩薩
之尒皆得成就同一佛性何以故除煩惱故
如彼金鑛除諸滓穢以是義故一切衆生同
一佛性无有差別以其先聞如來密藏後成

迦葉菩薩白佛言世尊若一切衆生有佛性
者佛與衆生有何差別如是說者多有過咎
若諸衆生皆有佛性何因緣故舍利弗等以
小涅槃而般涅槃緣覺之人於中涅槃而般
涅槃菩薩之人於大涅槃而般涅槃如是等
人若同佛性何故不同如來涅槃不般涅槃
善男子諸佛世尊所得涅槃非諸聲聞緣覺
所得以是義故大般涅槃名爲善有世若无
佛非无二乘得二涅槃迦葉復言是義云何
佛言无量无邊阿僧祇劫乃有一佛出現於
世開示三乘善男子如汝所言菩薩二乘无
差別者我先於此如來密藏大涅槃中以說

世聞示三乘善男子如汝所言菩薩二乘无
差別者我先於此如來密藏大涅槃中以說
其義諸阿羅漢无有善友何以故諸阿羅漢
悉當得是大涅槃故以是義故大般涅槃有
畢竟樂是故名為大般涅槃
迦葉言如佛說者我今始知差別之義无差
別義何以故一切菩薩聲聞緣覺未來之世
皆當歸於大般涅槃譬如衆流歸於大海是
故聲聞緣覺之人悉名為常非是无常以是
義故亦有差別亦无差別迦葉言云何性差
別佛言善男子聲聞如乳緣覺如酪菩薩之
人如生熟穌諸佛世尊猶如醍醐以是義故

亦未別凡夫之性雜諸煩惱亦復如是
迦葉復言拘尸那城有旃陁羅名曰歡喜佛
記是人由一發心當於此界千佛數中速成
无上正真之道以何等故如来不記尊者舍
利弗目揵連等速成佛道
佛言善男子或有聲聞緣覺菩薩作誓願言
我當久久護持正法然後乃成无上佛道以
發速願故與速記復次善男子譬如商人有
无價寶詣市賣之愚人見之不識輕咲寶主
唱言我此寶珠價直无數聞已復咲各各相
謂此非真寶是頗梨珠善男子聲聞緣覺亦
復如是若聞速記則便懈怠輕咲薄淺如彼

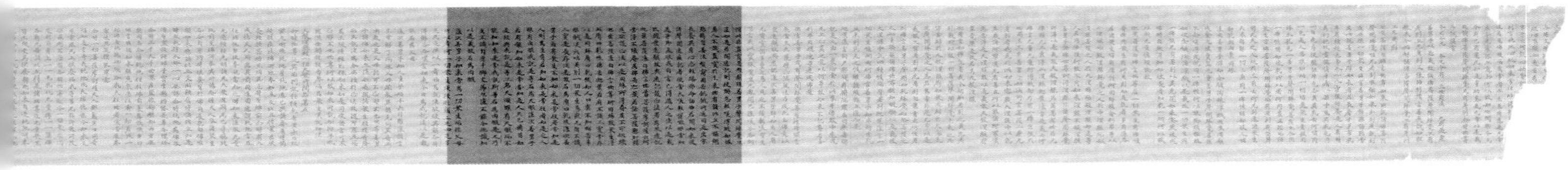

謂此非真寶是頗梨珠善男子聲聞緣覺亦
復如是若聞速記則便懈怠輕咲薄賤如彼
愚人不識真寶於未來世有諸比丘不能翹
勤脩習善法貧窮困苦飢餓所逼因是出家
長養其身心志輕躁邪命諂曲若聞如來授
諸聲聞速疾記者便當大咲輕慢毀呰當知
是等即是破戒自言已得過人之法以是義
故隨發速願故與速記護正法者為授遠記
迦葉菩薩復白佛言世尊菩薩摩訶薩云何
當得不壞眷屬佛告迦葉若諸菩薩勤加精
進欲護正法以是因緣所得眷屬不可沮壞
迦葉菩薩復白佛言世尊何因緣故衆生得

酢醎淡六味差別一切衆生愚癡无智不識
三寶是長存法是故名為脣口乹燋復次善
男子若有衆生不知如来是常住者常知是
人則為生盲若知如来是常住者如是之人
雖有肉眼我說是等名為天眼復次善男子
若有能知如来是常當知是人久已脩習如
是經典我說是等之名天眼雖有天眼而不
能知如来是常我說斯等名為肉眼是人乃
至不識自身手脚支節之復不能令他識知
以是義故名為肉眼
復次善男子如来常為一切衆生而作父母
所以者何一切衆生種種形類二足四足多

復次善男子如来常為一切衆生而作父母
所以者何一切衆生種種形類二足四足多
足无足佛以一音而為説法彼彼異類各自
得解各各嘆言如来今日為我説法以是義
故名為父母
復次善男子如人生子始十六月雖復語言
未可解了而彼父母欲教其語先同其音漸
漸教之是父母語可不正耶不也世尊善男
子諸佛如来亦復如是隨諸衆生種種音聲
而為説法為令安住於正法故隨所應見而
為示現種種形像如来如是同彼語言可不
正耶不也世尊何以故如来所説如師子吼

大般涅槃經一切大衆所問品第五

尒時世尊從其面門放種種色青黃赤白紅

紫光明照純陁身純陁遇已與諸眷屬持諸

餚饍疾往佛所欲奉如来及比丘僧䆠後供

養種種器物充滿具足持至佛前尒時有大

威德天人而遮其前周匝圍遶謂純陁言且

住純陁勿使奉施當尒之時如来復放无量

无邊種種光明諸天大衆遇斯光已尋聽純

陁前至佛所奉其所施尒時天人及諸衆生

各各自取所持供養至於佛前長跪白佛唯

願如来聽諸比丘受此飲食時諸比丘知是

時故執持衣鉢一心安詳尒時純陁為佛及

[illegible]

時故執持衣鉢一心安詳尒時純陁為佛及
僧布置種種師子寶坐懸繒幡蓋華香瓔珞
尒時三千大千世界莊嚴微妙猶如西方安
樂國土尒時純陁住於佛前憂悲悵怏重白
佛言唯願如來猶見哀愍住壽一劫若減一
劫佛告純陁汝欲令我久住世者宜當速奉
最後具足檀波羅蜜
尒時一切菩薩摩訶薩天人雜類異口同音
唱如是言奇哉純陁成大福德能令如來受
取最後无上供養而我等輩无福所致所設
供具則為唐捐尒時世尊欲令一切衆生滿
足於自身上一一毛孔化无量佛一一諸佛

設者尒時純陁所持粳粮成熟之食摩伽陁
國滿足八斛以佛神力皆悉充足一切大會
尒時純陁見是事已心生歡喜踊躍无量一
切大衆亦復如是尒時大衆承佛聖旨各作
是念如来今已受我等施不久便當入於涅
槃作是念已心生悲喜尒時樹林其地狹小
以佛神力如針鋒處皆有无量諸佛世尊及
其眷屬等坐而食所食之物亦无差別是時
天人阿脩羅等啼泣悲嘆而作是言如来今
日已受我等最後供養受供養已當般涅槃
我等當復更供養誰我今永離无上調御盲

我等當復更供養誰我今永別无上調御
无眼目尒時世尊為欲慰喻一切大衆而說
偈言
汝等莫悲歎　諸佛法應尒　我入於涅槃　已逕无量刧
常受寂勝樂　永處安隱處　汝今至心聽　我當說涅槃
我已離食想　終无飢渴患　我今當為汝　說其隨順願
令諸一切衆　咸得安隱樂　汝聞應脩行　諸佛法常住
假使烏角鵄　同共一樹棲　猶如親兄弟　尒乃永涅槃
如來視一切　猶如羅睺羅　常為衆生尊　云何永涅槃
假使虵鼠狼　同處一穴遊　相愛如兄弟　尒乃永涅槃
如來視一切　猶如羅睺羅　常為衆生尊　云何永涅槃
假使七葉華　轉為婆師香　迦留迦菓樹　轉為鎮頭菓

[illegible]

如来視一切　皆如羅睺羅　云何捨慈悲　永入於涅槃

假使一切衆　一切成佛道　遠離諸過難　尒乃入涅槃

如来視一切　皆如羅睺羅　云何捨慈悲　永入於涅槃

假使蚊子尿　浸壞於大地　諸山及百川　大海悉盈滿

若有如是事　尒乃入涅槃　悲心視一切　皆如羅睺羅

常為衆生尊　云何永涅槃　以是故汝等　應深樂正法

不應生憂惱　號泣而啼哭　若欲自正行　應脩如来常

當觀如是法　長存不變易　復應生是念　三寶皆常住

是則獲大護　如呪枯生菓　是名為三寶　四衆應善聽

聞已應歡喜　即發菩提心　若能計三寶　常住同真諦

此則是諸佛　冣上之誓願

若有比丘比丘尼優婆塞優婆夷能以如来

若有比丘比丘尼優婆塞優婆夷能以如来
㝡上塔願而發願者當知是人无有愚癡堪
受供養以此願力功德果報於世㝡勝如阿
羅漢若有不能如是觀了三寶常者是旃陁
羅若有能知三法常住實法因緣離苦安樂
无有嬈害能留難者尒時人天大衆阿脩羅
等聞是法已心生歡喜踊躍无量其心調柔
善滅諸蓋心无高下威德清淨顏貌怡悅知
佛常住是故施設諸天供養散種種華末香
塗香皷天伎樂以供養佛
尒時佛告迦葉菩薩言善男子汝見是衆希

養又見諸佛其身姝大所坐之處如一針鋒
多衆圍遶不相鄣导復見大衆悉費揩顙説
十三偈已知大衆各心念言如来今者獨受
我供假使純陁所奉飯食碎如微塵一塵一
佛猶不周遍以佛神力悉皆充足一切大衆
唯諸菩薩摩訶薩及文殊師利法王子等能
知如是希有事耳悉是如来方便示現聲聞
大衆及阿脩羅等皆知如来是常住法
尒時世尊告純陁言汝今所見爲是希有奇
特事不實尒世尊我先所見无量諸佛卅二
相八十種好庄嚴其身今悉見爲菩薩摩訶

相八十種好庄嚴其身令悉見為菩薩摩訶
薩體貌瓌異姝大殊妙唯見佛身喻如藥樹
為諸菩薩摩訶薩等之所圍繞佛告純陁汝
先所見无量佛者是我所化為欲利益一切
衆生令得歡喜如是菩薩摩訶薩等所可脩
行不可思議能作无量諸佛之事純陁汝今
皆已成就菩薩摩訶薩行得住十地菩薩所
行具足成辦
迦葉菩薩白佛言世尊如是如是如佛所說
純陁所脩成菩薩行我亦隨喜今者如來欲
為未來无量衆生作大明故說是大乘大涅

佛言世尊如佛所説
所有之物　布施一切　唯可讚嘆　无可毀呰
世尊是義云何持戒毀戒有何差別佛言唯
除一人餘一切施皆可讚嘆純陁問言云何
名爲唯除一人佛言如此經中所説破戒純
陁復言我今未解唯願説之佛言純陁言破
戒者謂一闡提其餘在所一切布施皆可讚
嘆獲大果報純陁復問一闡提者其義云何
佛言純陁若有比丘及比丘尼優婆塞優婆
夷發麁惡言誹謗正法造是重業永不改悔
心无慚愧如是等人名爲趣向一闡提道若
犯四重作五逆罪自知定犯如是重事而心

心无慚愧如是等人名為趣向一闡提道若
犯四重作五逆罪自知定犯如是重事而心
初无怖畏慚愧不肯發露於彼正法永无護
惜建立之心毀呰輕賤言多過咎如是等人
亦名趣向一闡提道若復說言无佛法衆如
是等人亦名趣向一闡提道唯除如此一闡
提輩施其餘者一切讚嘆
尒時純陁復白佛言世尊所言破戒其義云
何答言純陁若犯四重及五逆罪誹謗正法
如是等人名為破戒純陁復問如是破戒可
拔濟不答言純陁有因緣故則可拔濟若被
法服猶未捨遠其心常懷慚愧恐怖而自考

當供養若有讀誦大乘典者我當諮問受持
讀誦既通利已復當為他分別廣說我說是
人不為破戒何以故善男子譬如日出能除
一切塵翳闇冥是大涅槃微妙經典出興於
世亦復如是能除衆生无量劫中所作衆罪
是故此經說護正法得大果報拔濟破戒若
有毀謗是正法者能自改悔還歸於法自念
所作一切不善如人自害心生恐怖懾懅慚
愧除此正法更无救護是故應當還歸正法
若能如是如說歸依布施是人得福无量亦
名世間應受供養若犯如上惡業之罪若逕
一月或十五日不生歸依發露之心若施是

名世間應受供養若犯如上惡業之罪若逆
一月或十五日不生歸依發露之心若施是
人果報甚少犯五逆者亦復如是能生悔心
內懷慚愧今我所作不善之業甚為大苦我
當建立護持正法是則不名五逆罪也若施
是人得福无量犯逆罪已不生護法歸依之
心有施是者福不足言又善男子犯重罪者
汝今諦聽我當為汝分別廣說應生是心謂
正法者即是如來微密之藏是故我當護持
建立施是人者得勝果報善男子譬如女人
懷任垂產值國荒亂逃至他土在一天廟即
便生產聞其舊邦安隱豐熟携將其子欲還

而獨度也念已母子俱共沒命命終之後尋
生天中以慈念子欲令得度而是女人本性
弊惡以愛子故得生天中犯四重禁五无間
罪生護法心亦復如是雖復先為不善之業
以護法故得為世間无上福田是護法者有
如是等无量果報
純陀復言世尊若一闡提能自改悔恭敬供
養讚嘆三寶施如是人得大果報不佛言善
男子汝今不應作如是說善男子譬如有人
食菴羅菓吐核置地而復念言是菓核中應
有甘味即復還取破而嘗之其味極苦心生
悔恨恐失菓種即還收拾種之於地懃加脩

[illegible]
悔根恐失菓種即還收拾種之於地懃加脩
治以蘓油乳隨時溉灌於意云何寧可生不
不也世尊假使天降无上甘雨猶亦不生善
男子彼一闡提亦復如是燒燋善根當於何
處而得除罪善男子若生善心是則不名一
闡提也善男子以是義故一切所施所得果
報非无差別何以故施諸聲聞所得報異施
辟支佛得報亦異唯施如來獲无上果是故
說言一切所施非无差別純陁復言何故如
來而說此偈佛言純陁有因緣故我說此偈
王舍城中有優婆塞心无淨信奉事尼揵而
[illegible]

云何一切者少分一切當知菩薩摩訶薩人
中之雄攝取持戒施其所須捨棄破戒如除
稊稗復次善男子如我昔日所說偈言
一切江河　必有迴曲　一切叢林　必名樹木
一切女人　必多諂曲　一切自在　必受安樂
尒時文殊師利菩薩摩訶薩即從坐起偏袒
右臂右膝着地前礼佛足而說偈言
非一切河　必有迴曲　非一切林　悉名樹木
非一切女　必懷諂曲　一切自在　不必受樂
佛所說偈其義有餘唯垂哀愍說其因緣何
以故世尊於此三千大千世界有諸名拘耶
尼其者有河端直不曲名娑婆耶猶如繩墨

尼其諸有河端直不曲名娑婆耶喻如繩墨
直入西海如是河相於餘經中佛未曾說唯
願如来曰此方等阿含經中說有餘義令諸
菩薩深解是義世尊譬如有人先識金鑛後
不識金如来之亦盡知法已而所演說有餘
不盡如来雖作如是餘說應當方便解其意
趣一切藂林必是樹木是之有餘何以故種
種金銀琉璃寶樹是之名林一切女人必懷
諂曲是之有餘何以故之有女人善持禁戒
功德成就有大慈悲一切自在必受樂者是
之有餘何以故有自在者轉輪聖帝如来法

謂大乘大般涅槃佛言善男子汝今善得樂
說之辯且心諦聽文殊師利辟如長者身嬰
病苦良醫訴之為合膏藥是時病者貪欲多
服醫語之言若能消者則可多服汝今體羸
不應多服當知是膏亦名甘露亦名毒藥若
多服不消則名為毒善男子汝今勿謂是醫
所說違失義理衆膏力勢善男子如來之亦
為諸國王后妃太子王子大臣因波斯匿王
王子后妃憍慢心故為欲調伏示現恐怖如
彼良醫故說偈言
一切江河　必有迴曲　一切叢林　必名樹木
一切女人　必懷諂曲　一切自在　必受安樂

一切河流　必有迴曲　一切叢林　必有樹木
一切女人　必懷諂曲　一切自在　必受安樂
文殊師利汝今當知如來所說无有漏失如
此大地可令反覆如來之言終无漏失以是
義故如來所說一切有餘尒時佛讚文殊師
利善哉善哉善男子汝已久知如是之義憐
愍一切欲令衆生得智慧故廣問如來如是
偈義尒時文殊師利法王之子復於佛前而
說偈言
於他言語　隨順不違　尒不觀他　作以不作
但自觀身　善不善行
世尊如是說此法藥非爲正說於他語言隨

子皆向正路若獲禁戒攝持威儀守慎諸根
如是等人涅槃大法趣向善道如來何故於
九部中見有毀他則便呵責如是偈義爲何
所趣佛告文殊師利善男子我說此偈亦不
盡爲一切衆生尒時唯爲阿闍世王諸佛世
尊若无因緣終不逆說有因緣故乃說之耳
善男子阿闍世王害其父已來至我所欲折
伏我作如是問云何世尊有一切知非一切
智耶若一切智調達往昔无量世中常懷惡
心隨逐如來欲爲殺害云何如來聽其出家
善男子以是因緣我爲是王而說此偈
於他語言　隨順不逆　亦不觀他　作以不作

善男子以是因緣我為是王而說此偈

於他語言　隨順不逆　亦不觀他　作以不作
但自觀身　善不善行

佛告大王汝今害父已作逆罪最重無間應
當發露以求清淨何緣乃更見他過咎善男
子以是義故我為彼王而說是偈復次善男
子亦為護持不毀禁戒成就威儀見他過者
而說是偈若復有人受他教誨遠離眾惡復
教他人令遠眾惡如是之人則我弟子爾時
世尊為文殊師利而說偈言

一切畏刀杖　无不愛壽命　恕己可為喻　勿殺勿行杖

爾時文殊師利復於佛前而說偈言

羅漢轉輪聖王玉女象馬主藏大臣若諸天
人及阿脩羅執持利劒能害之者无有是處
勇士烈女馬王獸王持戒比丘雖復對至而
不恐怖以是義故如来說偈之是有餘若言
怨已可為喻者是之有餘何以故若使羅漢
以已喻彼則有我想及以命想若有我想及
以命想則應擁護凡夫之應見阿羅漢悉是
行人若如是者即是耶見若有耶見命終之
時即應生於阿鼻地獄又復羅漢設於衆生
生害心者无有是處无量衆生之復无能害
羅漢者佛言善男子言我想者謂於衆生生

羅漢者佛言善男子言我想者謂於衆生
大悲心无煞害想謂阿羅漢平等之心勿謂
世尊无有因緣而逆說也昔日於此王舍城
中有大獵師多煞羣鹿請我食宍我於是時
雖受彼請於諸衆生生慈悲心如羅睺羅而
說偈言
當令汝長壽　久久住於世　受持不害法　猶如諸佛壽
是故我說偈
一切畏刀仗　无不愛壽命　恕己可為喻　勿煞勿行杖
佛言善哉善哉文殊師利為諸菩薩摩訶薩
故諮問如來如是密教尒時文殊師利復說
是偈

若以貪愛母　无明以爲父　隨順尊重是　則墮无間獄
介時如來復爲文殊師利菩薩重說偈言
一切屬他　則名爲苦　一切由己　自在安樂
一切憍慢　勢極暴惡　賢善之人　一切愛念
介時文殊師利菩薩摩訶薩白佛言世尊如
来所說是義不盡唯願如来復垂哀愍說其
回緣何以故如長者子從師學時爲屬師不
若屬師者義不成就若不屬者義不成就若
得自在義不成就是故如来所說有餘復次
世尊辟如王子无所綜習卑事不成是義自
在愚闇常苦如是王子若言自在義亦不成
若言屬他義亦不成以是義故佛所說義名

若言屬他義亦不成以是義故佛所說義名
為有餘是故一切屬他不必受苦一切自在
不必受樂一切憍慢勢極暴惡是亦有餘世
尊如諸烈女憍慢心故出家學道護持禁戒
威儀成就守攝諸根不令馳散是故一切憍
慢之結不必暴惡賢善之人一切愛念是亦
有餘如人內犯四重禁已不捨法服堅持威
儀護持法者見已不愛是人命終必墮地獄
若有賢人犯重禁已護法見之即驅令出罷
道還俗以是義故一切賢善何必悉愛
尒時佛告文殊師利有因緣故如來於此說

所歸依於我及法衆僧而作是言一切女人
勢不自由一切男子自在无㝵我於尒時知
是女心即為宣說如是偈頌文殊師利善哉
善哉汝今能為一切衆生問於如來如是密
語文殊師利復說偈言
一切諸衆生　皆依飲食存　一切有大力　其心无嫉妬
一切因飲食　而多得病苦　一切脩淨行　而得受安樂
如是世尊今受純陁飲食供養將无如來有
恐怖耶尒時世尊復為文殊而說偈言
非一切衆生　盡依飲食存　非一切大力　心皆无嫉妬
非一切因食　而致病苦患　非一切淨行　悉得受安樂
文殊師利汝若得病我亦如是應得病苦何

非一切自食　乃至病者是　非一切淨行　是門受安樂
文殊師利汝若得病我亦如是應得病苦何
以故諸阿羅漢及辟支佛菩薩如來實无所
食但欲化彼示現受用无量衆生所施之物
令其具足檀波羅蜜拔濟地獄畜生餓鬼若
言如來六年苦行身體羸瘦者无有是處諸佛
世尊獨拔諸有不同凡夫云何而得身羸劣
也諸佛世尊精懃脩習獲金剛身不同世人
危脆之身我諸弟子亦復如是不可思議不
依於食一切大力无嫉妬者亦有餘義如世
聞人終身承无嫉妬之心而亦无力一切病
苦因食得者亦有餘義亦見有人得客病者

告惱以是義故如來所說一切有餘是名如
來非无因緣而說此偈有因故說昔日於此
憂禪尼國有婆羅門名羖羝德來至我所欲
受第四八戒齋法我於尒時爲說是偈
尒時迦葉菩薩白佛言世尊何等名爲无餘
義耶云何復名一切義耶善男子一切者唯
除助道常樂善法是名一切亦名无餘其餘
諸法亦名有餘亦名无餘欲令樂法諸善男
子知此有餘及无餘義迦葉菩薩心大歡喜
踊躍无量前白佛言甚奇世尊等視衆生如
羅睺羅尒時佛讚迦葉菩薩善哉善哉汝今
所見微妙甚深

羅睺羅尒時佛讚迦葉菩薩善哉善哉汝今
所見微妙甚深
迦葉菩薩白佛言世尊唯願如来說是大乘
大涅槃經所得功德佛告迦葉善男子若有
得聞是經名字所得功德非諸聲聞辟支佛
等所能宣說唯佛能知何以故不可思議是
佛境界何况受持讀誦通利書寫經卷尒時
諸天世人及阿脩羅即於佛前異口同音而
說偈言
諸佛難思議　法僧亦復然　是故今勸請　唯願小停住
尊者大迦葉　及以阿難等　二衆之眷属　且待須臾至
并及摩伽王　阿闍世大王　至心敬信佛　猶故未来至

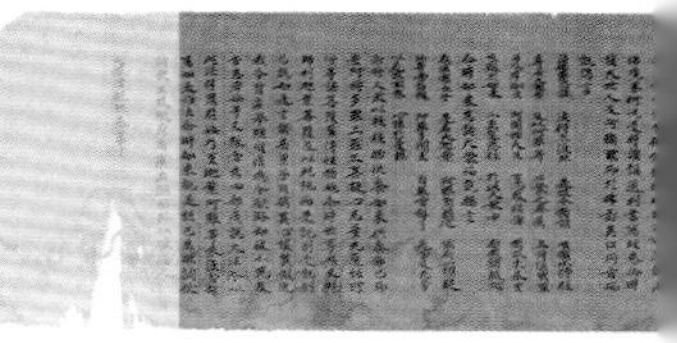

我法寶長子　是名大迦葉　阿難勤精進　能斷一切疑
汝等當諦觀　阿難多聞士　自然當解了　是常及无常
以是故不應　心懷於憂惱
尒時大衆以種種物供養如來供養佛已即
發阿耨多羅三藐三菩提心无量无邊恒河
沙等諸菩薩輩得住初地尒時世尊與文殊
師利迦葉菩薩及以純陁而受記別受記別
已說如是言諸善男子自脩其心慎莫放逸
我今背疾舉體皆痛我今欲臥如彼小兒及
常患者汝等文殊當為四部廣說大法今以
此法付囑於汝乃至迦葉阿難等來復當付
囑如是正法尒時如來說是語已為欲調伏

囑如是正法尒時如来說是語已為欲調伏
諸衆生故現身有疾右脇而卧如彼病人

大般涅槃經卷第十

BD00331　大般若波羅蜜多經卷五〇三

（唐）玄奘 譯

782.4cm × 25.9cm

其大神力威德熾盛諸天龍
等來至其處此中所有惡鬼邪神驚怖退散
无敢住者由此因緣是善男子善女人等心
便廣大起淨勝解所脩善業倍復增明諸有
所為皆无鄣礙以是故憍尸迦甚深般若波
羅蜜多隨所在處應當周帀除去糞穢掃拭
塗治香水散灑敷設寶座而安置之燒香散
花張施幰蓋寶幢幡鐸間飾其中衆妙珍奇
金銀寶器衣服瓔珞伎樂燈明種種雜綵莊
嚴其處若能如是供養般若波羅蜜多甚深
經典便有无量具大神力威德熾盛諸天龍
等來至其處觀礼讀誦彼所書持甚深般若
波羅蜜多供養恭敬尊重讚歎合掌右遶歡

蜜多決定當得身心无倦身心安樂身心調
柔身心輕利繫心般若波羅蜜多夜寢息時
无諸惡夢唯得善夢謂見如來應正等覺身
真金色相好莊嚴放大光明普照一切聲聞
菩薩前後圍遶身處衆中聞佛爲說布施淨
戒安忍精進靜慮般若波羅蜜多乃至无上
正等菩提相應之法復聞分別布施淨戒安
忍精進靜慮般若波羅蜜多乃至无上正等
菩提相應之義或於夢中見菩提樹其量高
廣衆寶莊嚴有菩薩摩訶薩往詣其下結跏
趺坐證得无上正等菩提轉妙法輪度有情
衆或於夢中見有无量百千俱胝那庾多數
大菩薩衆論議決擇種種法義謂應如是成
熟有情嚴淨佛土脩菩薩行降伏魔軍斷煩

熟有情嚴淨佛土脩菩薩行降伏魔軍斷煩
惱習趣證无上正等菩提或復夢中見十方
界各有无量百千俱胝那庾多佛亦聞其聲
謂某世界有某如來應正等覺若干百千俱
胝那庾多菩薩摩訶薩聲聞弟子恭敬圍遶
說如是法或復夢中見十方界各有无量百
千俱胝那庾多佛入般涅槃彼一一佛般涅
槃後各有施主為供養佛設利羅故以妙七
寶各起无量百千俱胝那庾多數大窣堵波
復於一一窣堵波所各以无量上妙花鬘塗
散等香衣服瓔珞寶幢幡蓋衆妙珎奇伎樂
燈明經无量劫供養恭敬尊重讚歎憍尸迦
是善男子善女人等見如是類諸善夢相若

藥衣服卧具於四供養其心輕微如瑜伽師
入勝妙定由彼定力滋潤身心從定出已雖
遇美饍而心輕微此亦如是何以故憍尸迦
是善男子善女人等由此三千大千國土及
餘十方无邊世界一切如來應正等覺聲聞
菩薩天龍藥叉阿素洛等具大神力勝威德
者慈悲護念以妙精氣冥注身心令其志勇
體充盛故憍尸迦若善男子善女人等欲得
如是現在種種功德勝利應發一切智智心
以无所得爲方便於此般若波羅蜜多甚深
經典至心聽聞受持讀誦精勤脩學如理思
惟書寫解說廣令流布憍尸迦若善男子善
女人等雖於般若波羅蜜多甚深經典不能
聽聞受持讀誦精勤脩學如理思惟廣爲有

聽聞受持讀誦精勤脩學如理思惟廣為有
情宣說流布而但書寫衆寶嚴飾復持无量
上妙花鬘乃至燈明供養恭敬尊重讚歎亦
得如前所說種種功德勝利何以故憍尸迦
是善男子善女人等能廣利樂无量无邊諸
有情故復次憍尸迦若善男子善女人等以
應一切智智心用无所得為方便於此般若
波羅蜜多甚深經典至心聽聞受持讀誦精
勤脩學如理思惟書寫解說廣令流布復持
種種上妙花鬘乃至燈明而為供養是善男
子善女人等所獲福聚无量无邊勝餘有情
盡其形壽以无量種上妙飲食衣服卧具醫
藥資緣供養十方一切世界諸佛菩薩及聲

復以无量天妙花鬘乃至燈明盡其形壽供養恭敬尊重讚歎何以故憍尸迦十方諸佛及弟子衆皆因如是甚深般若波羅蜜多而生長故

第三分佛設利羅品第七

尒時佛告天帝釋言憍尸迦假使充滿此贍部洲佛設利羅以為一分有書般若波羅蜜多甚深經典復為一分此二分中汝取何者天帝釋言我意寧取甚深般若波羅蜜多所以者何我於諸佛設利羅所非不信樂供養恭敬尊重讚歎然諸佛身及設利羅皆因般若波羅蜜多甚深經典而出生故皆由般若波羅蜜多功德勢力所薰脩故乃為一切世間天人阿素洛等供養恭敬尊重讚歎時舍

闍天人阿素洛等供養恭敬尊重讚歎時舍
利子謂帝釋言憍尸迦甚深般若波羅蜜多
无色无見无對一相所謂无相无相之法既
不可取汝云何取何以故憍尸迦甚深般若
波羅蜜多无取无捨无增无減无聚无散无
益无損无染无淨不與諸佛菩薩獨覺聲聞
之法不棄愚夫異生之法不與无為界不弃
有為界不與諸空不弃諸有不與波羅蜜多
乃至一切相智不棄一切雜染之法尒時天
帝釋報舍利子言如是如是誠如所說大德
若如實知甚深般若波羅蜜多无色无見无
對一相所謂无相无取无捨乃至不與一切
相智不棄一切雜染之法是為真取甚深般

羅蜜多不隨二行无二相故尒時佛讚天帝
釋言善哉善哉如汝所說甚深般若波羅蜜
多乃至布施波羅蜜多不隨二行无二相故
憍尸迦諸有欲令甚深般若波羅蜜多乃至
布施波羅蜜多有二相者則為欲令真如乃
至不思議界亦有二相何以故憍尸迦甚深
般若波羅蜜多乃至布施波羅蜜多與真如
乃至不思議界皆无二无二分故時天帝釋
復白佛言甚深般若波羅蜜多世間天人阿
素洛等皆應至誠礼拜右遶供養恭敬尊重
讚歎所以者何一切菩薩摩訶薩衆皆於般
若波羅蜜多精勤脩學證得无上正等菩提
世尊如我坐在三十三天善法殿中天帝座
上為諸天衆宣說正法時有无量諸天子等

上為諸天衆宣說正法時有无量諸天子等
來至我所聽我所說供養恭敬尊重讚歎右
遶礼拜合掌而去我若不在彼法座時諸天
子等亦來其處雖不見我如我在時恭敬供
養咸言此處是天帝釋為諸天等說法之座
我等皆應如天主在供養右遶礼拜而去世
尊如是般若波羅蜜多若有書寫受持讀誦
廣為有情宣說流布當知是處恒有此土并
餘十方无邊世界无量无數天龍藥叉阿素
洛等皆來集會設无說者敬重法故亦於是
處供養恭敬尊重讚歎礼拜而去何以故一
切如來應正等覺及諸菩薩摩訶薩衆獨覺
聲聞一切有情所有樂具皆依般若波羅蜜

多與諸菩薩摩訶薩行及所證得一切智智
為因為緣為所依止為能引發是故我說假
使充滿此贍部洲佛設利羅以為一分有書
般若波羅蜜多甚深經典復為一分此二分
中我意寧取甚深般若波羅蜜多世尊我於
此甚深般若波羅蜜多受持讀誦𤤀憶念時
心契法故都不見有諸怖畏相所以者何甚
深般若波羅蜜多无相无狀无言无說由深
般若波羅蜜多无相无狀无言无說靜慮等
五波羅蜜多廣說乃至一切相智亦无相无
狀无言无說世尊若深般若波羅蜜多有相
有狀有言有說非无相狀及言說者不應如
來應𤤀等覺知一切法无相无狀无言无說證
得无上𤤀等菩提為諸有情說一切法无相

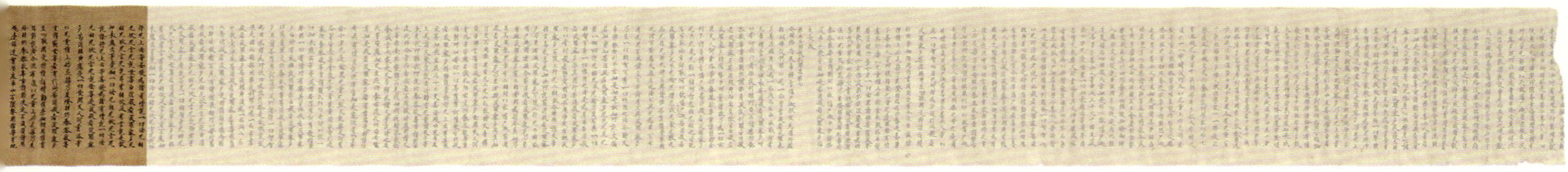

得无上正等菩提為諸有情說一切法无相
无狀无言无說世尊由深般若波羅蜜多无
相无狀无言无說非有相狀及有言說是故
如來應正等覺知一切法无相无狀无言无
說證得无上正等菩提為諸有情說一切法
无相无狀无言无說世尊是故般若波羅蜜
多甚深經典應受一切世間天人阿素洛等
以无量種上妙花鬘乃至燈明供養恭敬尊
重讚歎世尊若有於此甚深般若波羅蜜多
至心聽聞受持讀誦精勤脩學如理思惟書
寫解說廣令流布復以无量上妙花鬘乃至
燈明供養恭敬尊重讚歎決定不復墮諸惡
趣邊鄙達絮蔑戾車中不墮聲聞獨覺等地

佛国以无量種上妙供具供養恭敬尊重讚
歎諸佛世尊及諸菩薩摩訶薩衆
復次世尊假使充滿三千世界佛設利羅以
為一分有書般若波羅蜜多甚深經典復為
一分此二分中我意寧取甚深般若波羅蜜
多何以故一切如來應正等覺及三千界佛
設利羅皆從般若波羅蜜多而出生故又三
千界佛設利羅皆由般若波羅蜜多功德勢
力所薰脩故得諸天人阿素洛等供養恭敬
尊重讚歎由此因緣若善男子善女人等供
養恭敬尊重讚歎佛設利羅決定不生諸險
惡趣常生善趣受諸富樂隨心所願乘三乘
法畢竟證得三乘涅槃復次世尊諸善男子
善女人等若見如來應正等覺若見般若波

善女人等若見如來應正等覺若見般若波
羅蜜多甚深經典此一切德平等无異何以
故甚深般若波羅蜜多與諸如來應正等覺
平等无二无二分故復次世尊若有如來應正
等覺住三示道為諸有情宣說正法所謂契
經乃至論議若善男子善女人等於深般若
波羅蜜多受持讀誦廣為他說此一切德平
等无異何以故若彼如來應正等覺若三示
導若所宣說十二分教皆依般若波羅蜜多
而出生故復次世尊若十方界如殑伽沙
諸佛世尊住三示道為諸有情宣說正法所
謂契經乃至論議若善男子善女人等於深
般若波羅蜜多受持讀誦廣為他說此一切

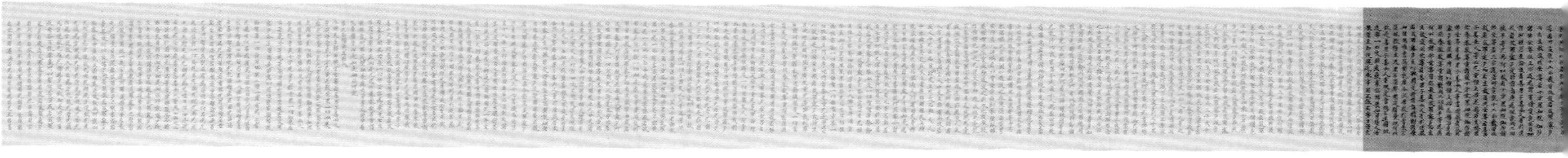

般若波羅蜜多而出生故復次世尊若善男
子善女人等以无量種上妙花鬘乃至燈明
供養恭敬尊重讚歎十方世界如殑伽沙諸
佛世尊有善男子善女人等書持般若波羅
蜜多甚深經典復以種種上妙花鬘乃至燈
明供養恭敬尊重讚歎此二功德平等无異
何以故諸佛世尊皆依般若波羅蜜多而出
生故復次世尊若善男子善女人等於深般
若波羅蜜多至心聽聞受持讀誦精勤修學
如理思惟書寫解說廣令流布彼於當來不
墮地獄傍生鬼界不墮聲聞及獨覺地何以
故是善男子善女人等決定當住不退轉地
遠離一切灾横疾疫衰惱怖畏如負債人怖
畏債主即便親近奉事國王依王勢力得免

BD00331　大般若波羅蜜多經卷五〇三

畏債主即便親近奉事國王依王勢力得免
怖畏王喻般若波羅蜜多彼負債人喻善男
子善女人等依恃般若波羅蜜多得離一切
憂惱怖畏世尊譬如有人依附王故王攝受
故為諸世人供養恭敬尊重讚歎佛設利羅
亦復如是由深般若波羅蜜多所薰脩故為諸
天人阿素洛等供養恭敬尊重讚歎王喻般
若波羅蜜多佛設利羅喻依王者世尊諸佛
所得一切智智亦依般若波羅蜜多而得成
就是故我說假使充滿此三千界佛設利羅
以為一分有書般若波羅蜜多甚深經典復
為一分此二分中我意寧取甚深般若波羅
蜜多何以故佛設利羅堅喻金剛具種種色

辦故布施等五波羅蜜多皆由般若波羅蜜
多名到彼岸何以故若般若波羅蜜多施等
不能到彼岸故復次世尊若此三千大千
世界或餘世界所有王都城邑聚落其中若
有受持讀誦書寫解說供養恭敬甚深般若
波羅蜜多是處有情不為一切人非人等之
所惱害唯除決定惡業應受此中有情漸次
脩學三乘出行隨其所願乃至證得三乘涅
槃復次世尊甚深般若波羅蜜多於三千界
作大饒益具大神力隨所在處則為有佛作
大佛事所謂利樂一切有情世尊譬如无價
大寶神珠具无量種勝妙威德隨所住處有
此神珠人及非人終无惱害設有男子或復
女人為鬼所執身心苦惱若有持此神珠亦

女人為鬼所執身心苦惱若有持此神珠亦之由珠威力鬼便捨去諸有熱病或風或淡或熱風淡合集為病若有繫此神珠著身如是諸病无不除愈此珠在闇能作照明熱時能涼寒時能煖隨地方所有此神珠時節調和不寒不熱若地方所有此神珠虵蝎等毒无敢停止設有男子或復女人為毒所中楚痛難忍若有持此神珠令見珠威勢故毒即消滅若諸有情身嬰癩疾惡瘡腫皰目瞖等眼病耳病鼻病舌病喉病身病諸支節病帶此神珠衆病皆愈若諸池沼泉井等中其水濁穢或將枯涸以珠投之水便盈滿香絜澄淨具八功德若以青黃赤白紅紫碧緑雜

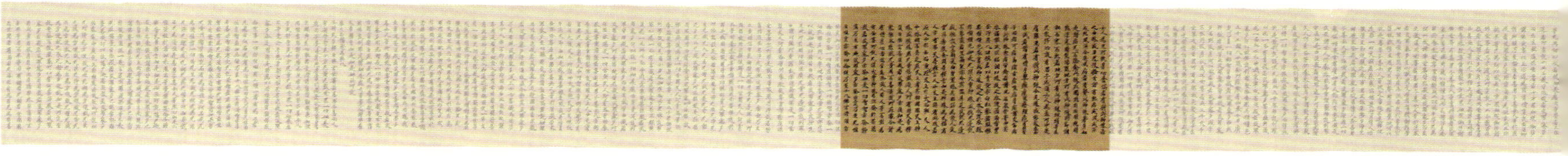

不能盡若置篋筮亦令其器具足成就无邊
威德設空箱篋由曾置珠其器仍為衆人愛
重具壽慶喜問帝釋言如是神珠為天獨有
人亦有耶天帝釋言人中天上俱有此珠若
在人中形小而重若在天上形大而輕又人
中珠相不具足在天上者其相周圓天上神
珠威德殊勝无量倍數過人所有時天帝釋
復白佛言甚深般若波羅蜜多亦復如是為
衆德本能滅无量惡不善法隨所在處令諸
有情身心苦惱皆悉除滅人非人等不能為
害世尊所說无價大寶神珠非但喻於甚深
般若波羅蜜多亦喻如來一切智智亦喻靜
慮乃至布施波羅蜜多亦喻內空乃至无性
自性空亦喻四念住乃至十八佛不共法亦

自性空亦爾四念住乃至十八佛不共法亦
爾真如乃至不思議界亦爾无忘失法恒住
捨性亦爾一切智道相智一切相智亦爾一
切陁羅尼門三摩地門亦爾无量无邊佛法何
以故如是功德皆由般若波羅蜜多大神咒
王之所引顯功德深廣无量无邊佛設利羅
由諸功德所薰脩故佛涅槃後堪受一切世
間天人阿素洛等供養恭敬尊重讚歎復次
世尊佛設利羅是極圓滿最勝清淨般若靜
慮精進安忍淨戒布施波羅蜜多廣說乃至
永斷煩惱習氣相續及餘无量无邊佛法所
依器故佛涅槃後堪受一切世間天人阿素
洛等供養恭敬尊重讚歎復次世尊佛設利

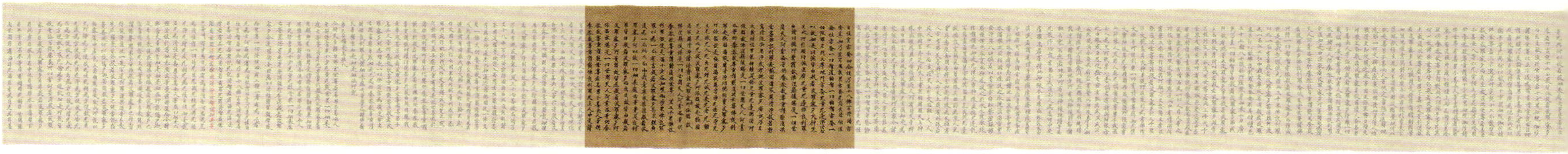

生无滅无入无出无增无減无來无去无動
无止无此无彼波羅蜜多所依器故是極圓
滿最勝清淨諸法實性波羅蜜多所依器故
佛涅槃後堪受一切世間天人阿素洛等供
養恭敬尊重讚歎復次世尊置三千界佛設
利羅假使充滿十方各如殑伽沙界佛設羅
羅以為一分有書般若波羅蜜多甚深經典
復為一分此二分中我意寧取甚深般若波
羅蜜多何以故一切如來應正等覺及設利
羅皆因般若波羅蜜多而出生故皆由般若
波羅蜜多所薰脩故皆為般若波羅蜜多所
依器故堪受一切世間天人阿素洛等供養
恭敬尊重讚歎世尊若善男子善女人等供
養恭敬尊重讚歎佛設利羅天上人中受諸

BD00331　大般若波羅蜜多經卷五〇三

恭敬尊重讚歎世尊若善男子善女人等供
養恭敬尊重讚歎佛設利羅天上人中受諸
富樂无有窮盡人中所謂刹帝利大族乃至
居士大族天上所謂四大王衆天乃至他化
自在天即由如是殊勝善根至最後身得盡
苦際世尊若善男子善女人等於深般若波
羅蜜多至心聽聞受持讀誦書寫解說如理
思惟甚深般若波羅蜜多速得圓滿甚深般
若波羅蜜多得圓滿故復令靜慮波羅蜜多
乃至布施波羅蜜多及三十七菩提分法乃
至十八佛不共法亦得圓滿由此復能超諸
聲聞及獨覺地證入菩薩正性離生獲得菩
薩殊妙神通乘此神通遊諸佛國從一佛土
至一佛土供養恭敬尊重讚歎諸佛世尊

作大國王或作小國王或作剎帝利或作婆
羅門或作毗沙門或作天帝釋或作梵王或
作餘類利益安樂无量有情是故世尊我於
諸佛設利羅所非不信樂供養恭敬尊重讚
歎然於般若波羅蜜多甚深經典供養恭敬
尊重讚歎所獲功德甚多於彼由此因緣我
意寧取甚深般若波羅蜜多世尊若善男子
善女人等供養恭敬尊重讚歎甚深般若波
羅蜜多則為增長一切佛法亦為攝受世出
世間富樂自在如是已為供養恭敬尊重讚
歎佛設利羅及諸如來應正等覺尒時佛告
天帝釋言如是如是如汝所說

第三分福聚品第八

尒時天帝釋白佛言世尊若善男子善女人

尒時天帝釋白佛言世尊若善男子善女人
等欲得常見十方无量无數世界一切如來
應正等覺法身色身當於般若波羅蜜多甚
深經典至心聽聞受持讀誦精勤脩學如理
思惟書寫解說廣令流布是善男子善女人
等既得常見十方无量无數世界一切如來應
正等覺法身色身漸次脩行甚深般若波羅
蜜多令速圓滿是時應以法性脩習觀佛隨
念世尊一切法性略有二種一者有為二者
无為云何名為有為法性謂內空乃至无性自
性空智若四念住乃至十八佛不共法智若善
非善法智若有記无記法智若有漏无漏法
智若有為无為法智若有罪无罪法智若世

為法性謂一切法无生无滅无住无異无染
无淨无增无減无相无為无性自性如是說
名无為法性是善男子善女人等應以如是二
種法性於諸如來應正等覺脩佛隨念尒時
佛告天帝釋言如是如是如汝所說憍尸迦
過去未來現在諸佛皆依般若波羅蜜多已
證當證現證无上正等菩提過去未來現在
諸佛聲聞弟子皆依般若波羅蜜多已得當
得現得預流一來不還阿羅漢果過去未來
現在獨覺皆依般若波羅蜜多已現當證獨
覺菩提何以故憍尸迦甚深般若波羅蜜多
祕密藏中廣說三乘相應法故然此所說以
无所得為方便故无性无相為方便故无生
无滅為方便故无染无淨為方便故无造无

无所得為方便故无性无相為方便故无生
无滅為方便故无染无淨為方便故无告无
作為方便故无入无出為方便故无增无減
為方便故无取无捨為方便故如是所說皆
依世俗不依勝義所以者何甚深般若波羅
蜜多非般若波羅蜜多非非般若波羅蜜多
非此岸非彼岸非中流非陸非水非高非下
非平等非不平等非有相非无相非 世間非
出世間非有漏非无漏非有為非无為非善
非非善非有記非无記非過去非未來 非現
在憍尸迦甚深般若波羅蜜多不與諸佛法
不與菩薩法不與獨覺法不與聲聞法亦不
棄捨異生諸法時天帝釋復白佛言甚深般
若波羅蜜多是大波羅蜜多是无上波羅蜜

心行境界差別而不得我不得有情乃至不得
知者見者亦不得色受想行識乃至不得六
觸為緣所生諸受亦復不得布施波羅蜜多
乃至般若波羅蜜多如是乃至不得十八佛
不共法及餘无量无邊佛法何以故非般若
若波羅蜜多於一切法依有所得而出現故
所以者何甚深般若波羅蜜多都无自性亦
不可得能得所得及二依處性相皆空不可
得故尒時佛告天帝釋言如是如是如汝所
說憍尸迦諸菩薩摩訶薩以无所得而為方
便長夜脩學甚深般若波羅蜜多尚不得菩
提及薩埵况得菩薩摩訶薩既不得菩薩摩
訶薩豈得菩薩摩訶薩法尚不得菩薩摩訶
薩法况得諸佛无上正等菩提
時天帝釋復白佛言諸菩薩摩訶薩為是應

薩法必得諸佛无上正等菩提
時天帝釋復白佛言諸菩薩摩訶薩爲但應
脩甚深般若波羅蜜多爲亦應脩餘五波羅
蜜多耶尒時佛告天帝釋言諸菩薩摩訶薩
以无所得而爲方便具脩六種波羅蜜多脩
布施時不得布施不得施者不得受者脩淨
戒時不得淨戒不得持戒者不得犯戒者脩
安忍時不得安忍不得安忍者不得忿恚者
脩精進時不得精進不得精進者不得懈怠
者不得精進所應作事不得能作若身若心
脩靜慮時不得靜慮不得靜慮者不得散亂
者脩般若時不得般若不得具妙慧者不得
具惡慧者不得般若所觀諸法性相差別復
次憍尸迦諸菩薩摩訶薩甚深般若波羅蜜
多爲明爲導脩習一切波羅蜜多无所執著

為明為道雖觀諸法而无所著令所脩習速
得圓滿謂无所得而為方便甚深般若波羅
蜜多為明為導雖觀諸蘊諸處諸界廣說乃
至一切相智而无所著由此因緣令所脩習
速得圓滿憍尸迦如贍部洲所有諸樹枝條
莖幹花葉菓實雖有種種形色不同而其蔭
影都无差別具大功德衆所歸依如是前五
波羅蜜多雖各有異而由般若波羅蜜多攝
受迴向一切智智以无所得為方便故諸差
別相都不可得具大功德衆所歸依時天帝
釋復白佛言甚深般若波羅蜜多成就廣大
殊勝功德成就一切殊勝功德成就圓滿殊
勝功德成就无量殊勝功德成就无數殊勝
功德成就无邊殊勝功德成就无等殊勝功
德成就无盡殊勝功德若善男子善女人等

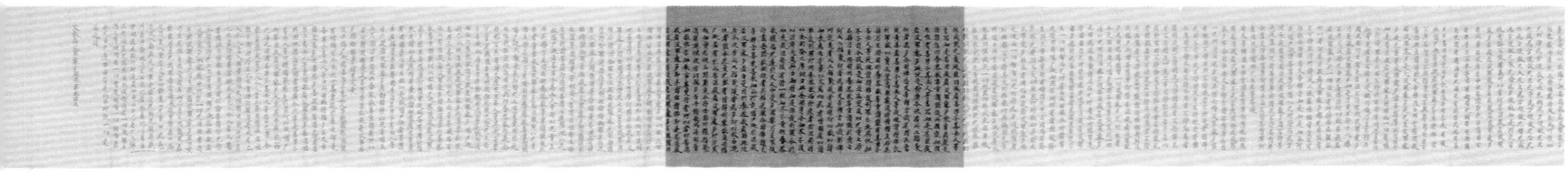

德成就无盡殊勝功德若善男子善女人等
書寫如是甚深般若波羅蜜多衆寶莊嚴受
持讀誦供養恭敬尊重讚歎依此經説如理
思惟有善男子善女人等書寫如是甚深般
若波羅蜜多施他受持廣令流布此二福聚
何者爲多尒時佛告天帝釋言我還問汝當
隨意荅若善男子善女人等從他請得佛設
利羅威以寶函置高勝處復持種種上妙花
鬘乃至燈明供養恭敬尊重讚歎有善男子
善女人等從他請得佛設利羅分施與他如
芥子許令彼敬受如法安置復以无量上妙
花鬘乃至燈明供養恭敬尊重讚歎於意云
何此二福聚何者爲勝天帝釋言如我解佛
所説義者此二福聚後者爲勝何以故以諸

以金剛喻三摩地力碎金剛身令如芥子復
以深廣大悲神力加持如是佛設利羅令於
如來般涅槃後有得一粒如芥子量供養恭
敬獲福无邊於天人中受多勝樂乃至最後
得盡苦際故施他者其福為勝尒時佛讚天
帝釋言善哉善哉如汝所說憍尸迦於深般
若波羅蜜多若自受持供養恭敬若轉施他
廣令流布此二福聚後者為多何以故由施
他者能令无量无數有情得利樂故復次憍
尸迦若有於此甚深般若波羅蜜多所說義
趣如實為他分別解說令得正解所獲福聚
復勝施他流布功德多百千倍敬此法師當
如敬佛亦如奉事尊梵行者所以者何甚深
般若波羅蜜多即是諸佛諸佛即是甚深般
若波羅蜜多甚深般若波羅蜜多不異諸佛

般若波羅蜜多即是諸佛諸佛即是甚深般
若波羅蜜多甚深般若波羅蜜多不異諸佛
諸佛不異甚深般若波羅蜜多何以故三世
諸佛皆依般若波羅蜜多精勤脩學證得无
上正等菩提尊梵行者當知即是住不退轉
地菩薩摩訶薩是菩薩摩訶薩亦依般若波
羅蜜多精勤脩學證得无上正等菩提聲聞
種姓補特伽羅亦依般若波羅蜜多精勤脩
學得阿羅漢果獨覺種姓補特伽羅亦依般
若波羅蜜多精勤脩學得獨覺菩提菩薩種
姓補特伽羅亦依般若波羅蜜多精勤脩學
超諸聲聞獨覺等地證入菩薩正性離生漸
次脩行諸菩薩行得住菩薩不退轉地以是
故憍尸迦若善男子善女人等欲以无量上
妙花鬘乃至燈明供養恭敬尊重讚歎現在

憍尸迦我觀是義初得无上正等覺時作是
思惟我依誰住誰堪受我供養恭敬作是念
時都不見有諸天魔梵王非人等與我等者
況當有勝復自思惟我依此法已證无上正
等菩提此法甚深寂靜微妙我當還依此法
而住供養恭敬謂深般若波羅蜜多憍尸迦
我已成佛尚依般若波羅蜜多供養恭敬況
善男子善女人等欲求无上正等菩提而不
依此甚深般若波羅蜜多精勤脩學供養恭
敬尊重讚歎何以故憍尸迦甚深般若波羅
蜜多能生菩薩摩訶薩眾從此菩薩摩訶薩
眾生諸如來應正等覺依諸如來應正等覺
聲聞獨覺而得生故以是故憍尸迦若菩薩
乘若獨覺乘若聲聞乘諸善男子善女人等
皆於般若波羅蜜多應勤脩學以无量種上

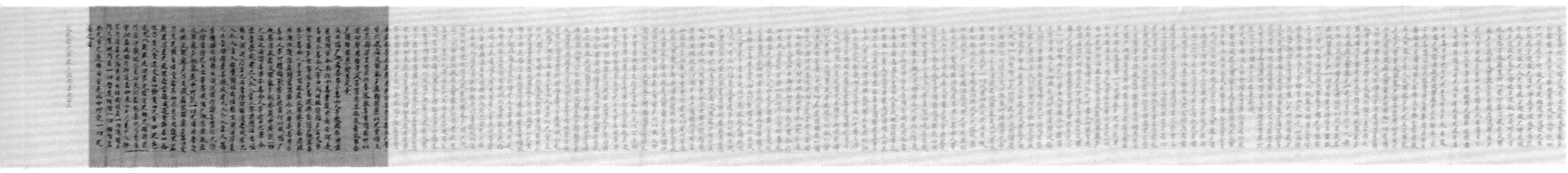

乘若獨覺乘若聲聞乘諸善男子善女人等
皆於般若波羅蜜多應勤脩學以无量種上
妙花鬘乃至燈明供養恭敬尊重讚歎所以
者何聲聞獨覺及菩薩乘要依般若波羅蜜
多精勤脩學得至究竟
復次憍尸迦若善男子善女人等教贍部洲諸
有情類皆令安住十善業道於意云何是
善男子善女人等由此因緣得福多不天帝
釋言甚多世尊甚多善逝佛告憍尸迦若善
男子善女人等書寫般若波羅蜜多甚深經
典施他讀誦若轉書寫廣令流布是善男子
善女人等所獲福聚甚多於前何以故憍尸
迦甚深般若波羅蜜多秘密藏中廣說一切
无漏之法諸善男子善女人等於中已學今
學當學或有已入今入當入聲聞種姓 正性

已正當得獨覺菩提或有已入今入當入菩
薩種姓正性離生漸次脩行諸菩薩行已得
今得當得无上正等菩提憍尸迦甚深般若
波羅蜜多祕密藏中所說一切无漏法者謂
布施波羅蜜多乃至般若波羅蜜多若內空
乃至无性自性空若真如乃至不思議界若
斷界乃至无為界若苦集滅道聖諦若四念
住乃至八聖道支若四靜慮四无量四无色
定定八解脫九次第定若空无相无願解脫
門若淨觀地乃至如來地若極喜地乃至法
雲地若五眼六神通若如來十力乃至十八佛
不共法若无忘失法恒住捨性若一切陁羅尼
門三摩地門若一切智道相智一切相智若
餘无量无邊佛法皆是此中所說一切无
漏之法

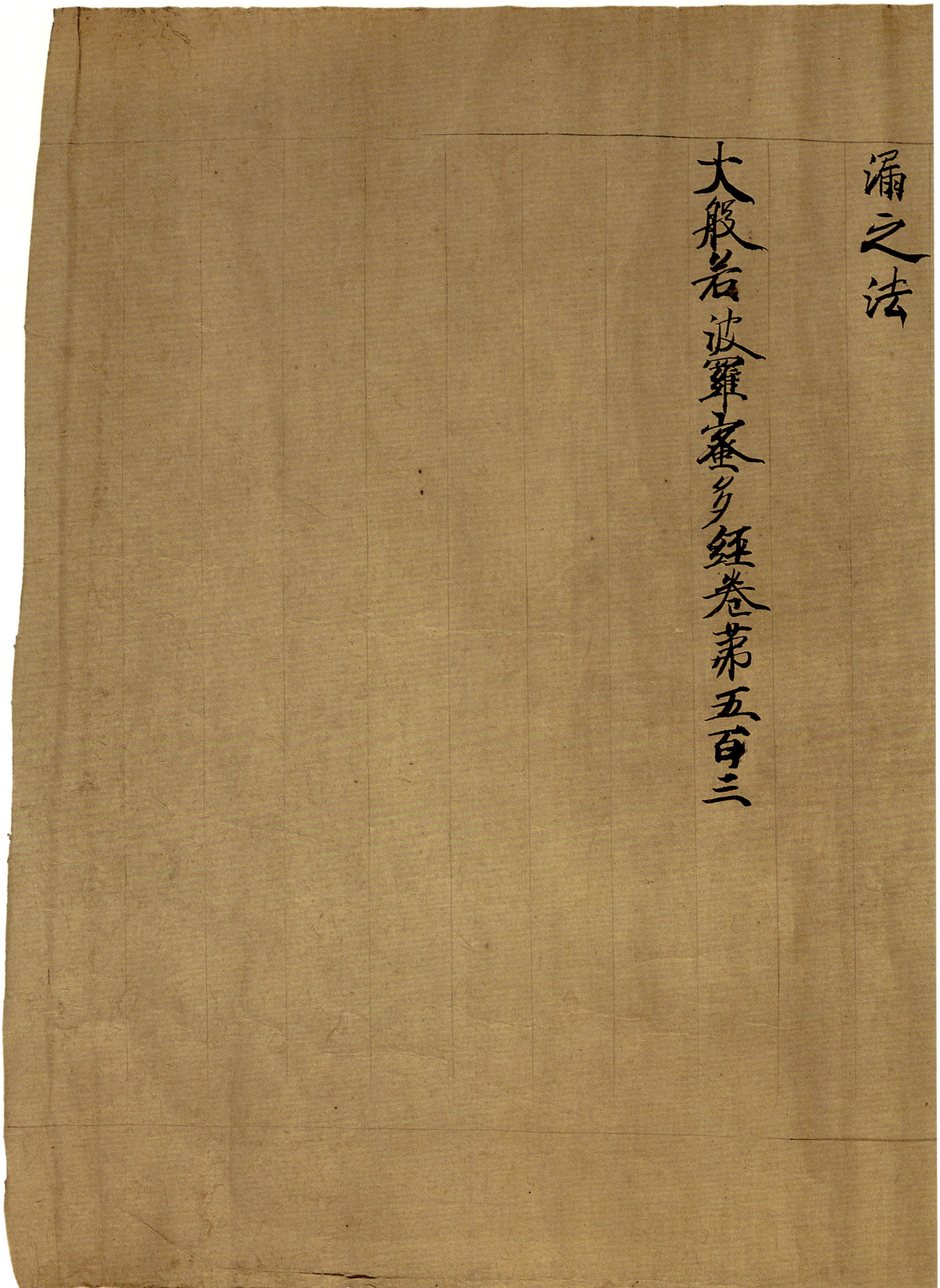

漏之法

大般若波羅蜜多經卷苐五百三

BD00331　大般若波羅蜜多經卷五〇三　（18–18）

BD00332 金光明最勝王經卷二

（唐）義净 譯

368.9cm × 31.5cm

利
自在事成亦
復次菩薩摩訶薩入无心
定起作衆事業如是二法
成善男子譬如日月無有
有分別光明亦无分別三種
如是法如如如如智亦无分別
生有感現應化身如日月影
復次善男子譬如无量无邊水
空顯得現種種異相空者
子如是受化諸弟子等是法

法身說无餘涅槃何以故一切餘法究竟盡故
依此三身一切諸佛說无住處涅槃為二身
故不住涅槃離於法身无有別佛何故二身
不住涅槃二身假名不實念念不滅不定住
故數數出現以不定故法身不尒是故二身
不住涅槃法身不二是故不住涅槃故依三
身說无住涅槃
善男子一切凡夫為三相故有縛有障遠離
三身不至三身何者為三一者遍計所執相
二者依他起相三者成就相如是諸相不能
解故不能滅故不能淨故是故不得至於三

解故不能滅故不能淨故是故不得至於三
身如是三相能解能滅能淨故是故諸佛具
足三身善男子諸凡夫人未能除遣此三心
故遠離三身不能得至何者爲三一者起
事心二者依根本心三者根本心依諸伏道
起事心盡依法斷道依根本心盡依最勝
道根本心盡起滅故得現化身依根本心滅
故得顯應身根本心滅故得至法身是故一
切如來具足三身
善男子一切諸佛於第一身与諸佛同事於
第二身與諸佛同意於第三身與諸佛同體

相是故説一苐三佛身過一切種相非執相
境界是故説名不一不二善男子是苐一身
依於應身得顯現故是第二身依於法身得
顯現故是法身者是真實有无依處故善
男子如是三身以有義故而説於常以有義
故説於无常化身者恒轉法輪處處隨緣方
便相續不斷絶故是故説常非是本故具足大用
不顯現故説爲无常應身者從无始來相續
不斷一切諸佛不共之法能攝持故衆生无
盡用亦无盡是故説常非是本故以具足用
不顯現故説爲无常法身者非是行法无有

不顯現故說為无常法身者非是行法无有
異相是根本故猶如虛空是故說常善男
子離無分別智更无勝智離法如如无勝境界
是法如如是慧如如是二種如如如如不一不異
是故法身慧清淨故滅清淨故是二清淨是
故法身具足清淨
復次善男子分別三身有四種異有化身非
應身有應身非化身有化身亦應身有非化
身亦非應身何者化身非應身謂諸如來般涅
槃後以願自在故隨緣利益是名化身 何者
應身非化身是地前身何者化身亦應身謂

何者名爲二無所有於此法身相及相處二
皆是無非有非无非一非異非數非非數非明
非闇如是如如智不見相及相處不見非有
非无不見非一非異不見非數非非數不見
非明非闇是故當知境界清淨智慧清淨不
可分別无有中間爲滅道本故於此法身能
顯如來種種事業善男子是身因緣境界
處所果依於本難思議故若了此義是身即
是大乘是如來性是如來藏依於此身得發
初心脩行地心而得顯現不退地心亦皆得現
一生補處心金剛之心如來之心而悉顯現

一生補處心金剛之心如來之心而悉顯現
无量无邊如來妙法皆悉顯現依此法身不可
思議摩訶三昧而得顯現依此法身得現
一切大智是故二身依於三昧依於智慧而
得顯現如此法身依於自體說常說我依大
三昧故說於樂依於大智故說清淨是故如
來常住自在安樂清淨依大三昧一切禪定
首楞嚴等一切念處大法念等大慈大悲一
切陁羅尼一切神通一切自在一切平等攝
受如是佛法悉皆出現依此大智十力四无所
畏四无礙辯一百八十不共之法一切希有

寶依大智慧寶能出種種无量无邊諸佛妙
法善男子如是法身三昧智慧過一切相不
著於相不可分別非常非斷是名中道雖有
分別體无分別雖有三數而无三體不增不
減猶如夢幻亦无所執亦无能執法體如是
解脫處過死王境越生死闇一切衆生不
能脩行所不能至一切諸佛菩薩之所住處
善男子譬如有人願欲得金處處求覓遂得
金礦既得礦已即便碎之擇取精者爐中銷
鍊得清淨金隨意迴轉作諸鐶釧種種嚴具
雖有諸用金性不改

雖有諸用金性不改

復次善男子若善男子善女人求勝解勝

脩行世善得見如來及弟子衆得親近已白佛

言世尊何者爲善何者不善何者正行得

清淨行諸佛如來及弟子衆見彼問時如是思

惟是善男子善女人欲求清淨欲聽正法即

便爲説令其開悟彼既聞已正念憶持發心

脩行得精進力除嬾墮障滅一切罪於諸學

處離不尊重息悼悔心入於初地依初地心

除利有情障入於二地於此地中除不遍惱障入

於三地於此地中除心軟淨障入於四地於此

入於七地於此地中除不見滅相障入於
八地於此地中除不見生相障入於九地於
此地中除六通障入於十地於此地中除所
知障除根本心入如來地如來地者由三淨
故名極清淨云何爲三一者煩惱淨二者苦
淨三者相淨譬如真金鎔銷冶鍊既燒打
已无復塵垢爲顯金性本清淨故金體清
淨非謂无金譬如濁水澄渟清淨无復滓穢
爲顯水性本清淨故非謂无水如是法身與
煩惱雜苦集除已无復餘習爲顯佛性本清
淨故非謂无體譬如虛空烟雲塵霧之所障

淨故非謂无體譬如虛空烟雲塵霧之所障
蔽若除屏已是空界淨非謂无空如是法身
一切衆苦悉皆盡故說為清淨非謂无體譬
如有人於睡夢中見大河水漂泛其身運手
動足截流而渡得至彼岸由彼身心不懈退故
從夢覺已不見有水彼此岸別非謂无心生
死妄想既滅盡已是覺清淨非謂无覺如是
法界一切妄想不復生故說為清淨非是諸
佛无其實體
復次善男子是法身者惑障清淨能現應身
業障清淨能現化身智障清淨能現法身譬

身智慧清淨能現應身三昧清淨能現化身
此三清淨是法如如不異如如一味如如解脫如
如究竟如如是故諸佛體无有異善男子若
有善男子善女人說於如來是我大師若作
如是決定信者此人即應深心解了如來之
身无有別異善男子以是義故於諸境界
不正思惟悉皆除斷即知彼法无有二相亦
无分別聖所脩行如如於彼无有二相正脩
行故如是如是一切諸障悉皆除滅如如一切
障滅如是如是法如如如如智得最清淨如如
法界正智清淨如是如是一切自在具足攝

法界正智清淨如是如是一切自在具足攝
受皆得成就一切諸障悉皆除滅一切諸
障得清淨故是名真如正智真實之相如
是見者是名聖見是則名為真實見佛何以
故如實得見法真如故是故諸佛悉能普見
一切如來何以故聲聞獨覺已出三界求真
實境不能知見如是聖人所不知見一切凡夫
皆生疑惑顛倒分別不能得度如兔浮海
必不能過所以者何力微劣故凡夫之人亦
復如是不能通達法如如故然諸如來無分
別心於一切法得大自在具足清淨深智慧

得此身最上无比不可思議過言說境是妙
寂靜離諸怖畏
善男子如是知見法真如者无生老死壽命
无限无有睡眠亦无飢渴心常在定无有散
動若於如來起諍論心是則不能見於如來
諸佛所說皆能利益有聽聞者无不解脫諸
惡禽獸惡人惡鬼不相逢值由聞法故果報
无盡然諸如來无无記事一切境界无欲知
心生死涅槃无有果相如來所說无不決定
諸佛如來四威儀中无非智攝一切諸法无
有不為慈悲所攝无有不為利益安樂諸衆

有不爲慈悲所攝无有不爲利益安樂諸衆
生者善男子若有善男子善女人於此金光
明經聽聞信解不墮地獄餓鬼傍生阿蘇羅
道常處人天不生下賤恒得親近諸佛如來
聽受正法常生諸佛清淨國土所以者何由
得聞此甚深法故是善男子善女人則爲如
來已知已記當得不退阿耨多羅三藐三菩
提善男子善女人於此甚深微妙之法一經
耳者當知是人不謗如來不毀正法不輕聖
衆一切衆生未種善根令得種故已種善根
令增長成熟故一切世界所有衆生皆勸修

座起偏袒右肩合掌恭敬頂礼佛足白佛
世尊若所在處講說如是金光明王微
典於其國土有四種利益何者為四一者
軍衆強盛无諸怨敵離於疾病壽命延
祥安樂正法興顯二者中宮妃后王子諸
悅無諍離於諂佞王所愛重三者沙門婆
門及諸國人修行正法无病安樂无枉死
者於諸福田悉皆修立四者於三時中四大
調適常為諸天增加守護慈悲平等無
害心令諸衆生歸敬三寶皆願修習菩提之
行是為四種利益之事世尊我等亦常為弘

密心令諸衆生歸敬三寶皆願修習菩提之
行是爲四種利益之事世尊我等亦常爲弘
經故隨逐如是持經之人所在住處爲作利
益佛言善哉善哉善男子如是如是汝等應
當勤心流布此妙經王則令正法久住於世

金光明最勝王經夢見懺悔品第四

尒時妙幢菩薩親於佛前聞妙法已歡喜踊
躍一心思惟還至本處於夜夢中見大金鼓
光明晃耀猶如日輪於此光中得見十方无量
諸佛於寶樹下坐瑠璃座无量百千大衆圍
繞而爲說法見一婆羅門桴擊金鼓出大音

[illegible]已與無量百
千大衆圍繞持諸供具出王舍城詣鷲峯山
至世尊所禮佛足已布設香花右繞三匝退
坐一面合掌恭敬瞻仰尊顔白佛言世尊我
於夢中見婆羅門以手執桴擊妙金鼓出大
音聲聲聞演說微妙伽他明懺悔法我皆憶
持唯願世尊降大慈悲聽我所說即於佛前
而說頌曰

我於昨夜中　夢見大金鼓　其形極姝妙　周遍有金光
猶如盛日輪　光明皆普耀　充滿十方界　咸見於諸
在於寶樹下　各處瑠璃座　無量百千衆　恭敬而圍
有一婆羅門　以杖擊金鼓　於其鼓聲內　說此妙伽

有一婆羅門　以杖擊金鼓　於其鼓聲內　說此妙伽
金光明鼓出妙聲　遍至三千大
能滅三塗極重罪　及以人中諸
由此金鼓聲威力　永滅一切煩惱
斷除怖畏令安隱　譬如
佛於生死大海中　積行
能令衆生覺品具　究
由此金鼓出妙聲　普
證得无上菩提果　常
住壽不可思議劫
能斷煩惱衆苦流

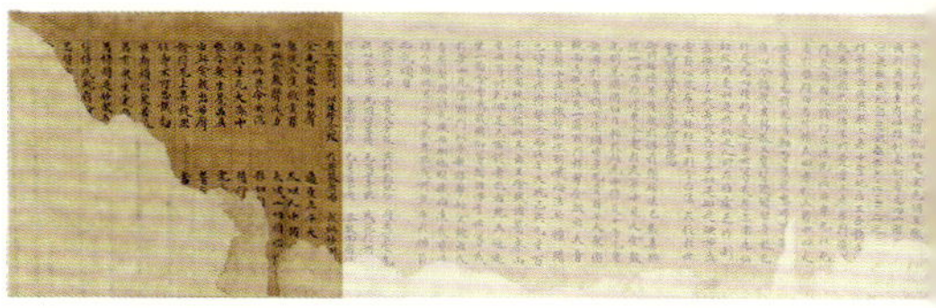

皆得成就宿命
悉皆不

BD00333 思益梵天所問經（异本）卷四

（後秦）鳩摩羅什 譯

132cm×26cm

海
[illegible]外道不
[illegible]言世尊大海雖深
[illegible]菩薩不可測世佛告迦葉三
千大千世界微塵猶可數知此諸菩薩功德
无量不可數世尒時世尊欲重宣此事而說
偈言
譬如大海能悉受　一切衆水无滿時
此諸菩薩亦如是　常求法利无猒足
又如大海納衆流　一切悉歸无損益
此諸菩薩亦如是　聽受深法无增減
又如大海不受濁　濁水流入悉清淨

功德智慧无有量　一切衆生不能測
又如大海无別異　百川流入皆一味
此諸菩薩亦如是　所聽受法同一相
又如大海所以成　非但為一衆生故
此諸菩薩亦如是　普為一切發道心
如海寶名集諸寶　因是寶故有衆寶
菩薩寶聚亦如是　從菩薩寶出三寶
如大海出三種寶　而此大海无分別
菩薩說法亦如是　三乘度人无彼此
又如大海漸漸深　此諸菩薩亦如是
為衆生故脩功德　迴向甚深薩婆若
又如大海不宿屍　此諸菩薩亦如是
發清淨心菩提願　不宿聲聞煩惱心

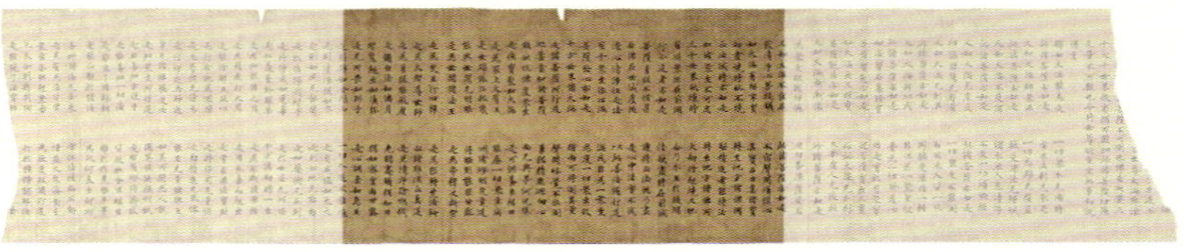

又如大海不宿屍　此諸菩薩亦如是
發清淨心菩提願　不宿聲聞煩惱心
如大海有堅牢寶　其寶名日集諸寶
劫盡燒時終不燒　轉至他方諸佛國
正法滅時亦如是　堅精進者能持法
知諸衆生不可度　轉至他方諸佛所
三千世界欲壞時　火劫將起燒天地
百川衆流在前涸　尒乃水王於後竭
行小道者亦如是　法欲盡時在前滅
菩薩勇猛不惜身　護持正法後乃盡
若佛在世滅度後　是心中法寶不滅
深心清淨住是法　以此善法脩行道
百千衆生依正海　海成非為一衆生
菩薩發心亦如是　為度一切衆生故

（3–2）

迦葉當知諸菩薩　勇猛精進迴向心
願欲作佛度衆生　尚无與等何況勝
是德寶聚如大海　是可供養良福田
是為最上大醫王　能療一切衆生病
是世歸依作救護　洲渚燈明究竟道
能與世間无明眼　得眼則能服甘露
是為世間諸法王　是為帝釋決斷智
是為梵王行四禪　是為能轉梵法輪
是為大智導世師　示諸耶徑正真道
是為勇猛能破魔　是為清淨除惱穢
是脩白法如滿月　光明高顯猶如日
智慧超出如須弥　猶如密雲雨甘露
是无所畏如師子　是心調柔如象王

是无所畏如師子　是心調柔如鳥王
是則辟如金剛山　一切外道不能壞
是則清淨猶如水　是有威猛如大火
是則如風无鄣閡　是則如地无能動
是摧憍慢我根等　是如藥樹无分別
是持淨戒如蓮華　是於世法无所染
是如優曇鉢羅華　千万億劫時一出
是為知報佛之恩　是為不斷諸佛種
是為精進行大悲　是用慈喜而超出
是能捨離五欲心　是常求佛法寶財
是行布施為最勝　是持淨戒无等侶
是忍辱健无儔疋　是懃精進无猒惓
是行禪定具神通　能至无量諸佛土
常見諸佛聽受法　如其所聞為人說

是能善知一切法　皆從和合因緣生
是能決了因緣相　離於我見樂平等
是能正觀於諸法　為從何來至何所
善知諸法无去来　常住法性而不動
是見有為法皆空　增益大悲濟衆生
衆生妄相起衆苦　為欲度故脩行道
凡夫分別我我所　行於種種諸耶徑
是能曉了法實相　[illegible]去

BD00334 大方等大集經（异卷）卷一

（北凉）曇無讖 譯

802.8cm×26.2cm

霞廿
雜香十方……止妙莊嚴
現安置无量百千万億師子法坐其坐各有
无量雜色柔濡敷具能令衆生歡喜受樂諸
四天下各以七寶作一梯陛金對階橙廣十
由延如其行時出微妙音如四天下三千大
千世界亦復如是尒時世尊從三昧起大千
世界六種震動亦放无勝冣大光明即与聲
聞菩薩大衆前後圍遶欲往彼坊一切諸天
尊重讃嘆香華伎樂塗末燒香曼陁羅華摩
訶曼陁羅華曼殊沙華摩訶曼殊沙華等以
爲供養能動无量无邊世界光明遍照无不
大明亦現諸佛神通福德當尒之時耆闍崛

神金翅鳥衛神腹行神嗜宍神善餓鬼神乞
耳鬼住廁羅刹厭人鬼能狂鬼影鬼産乳羅
刹持髮鬼常醉鬼如是等衆悉侍從佛以天
香華微妙天樂而供養之尒時四天王合掌
長跪以偈讃佛
如来光明勝一切　能壞三悪道黑闇
我今歸依樂依止　薩婆悉達无上尊
時四天王與諸天人偈讃佛已尋侍佛後尒
時帝釋与切利天人於其果次階上見佛以
天香華微妙伎樂而供養之以偈讃佛
如来具足大神通　所得大悲无能勝
佛以功德嚴十方　我今敬礼无与等
時帝釋与切利天偈讃佛已尋侍佛後尒時
夜摩天王與夜摩天子於其果次階上見佛

BD00334　大方等大集經（异卷）卷一

時帝釋与忉利天偈讚佛已尋侍佛後尒時
夜摩天王與夜摩天子於其果次階上見佛
以天香華微妙伎樂而供養之以偈讚佛
无㝵智慧无有邊　善解衆生三世事
一心能知无量心　是故稽首礼无上
時夜摩天王与夜摩天子偈讚佛已尋侍佛
後尒時兜率天王与兜率天子於其果次階
上見佛以天華香微妙伎樂而供養之以偈
讚佛
佛知諸法如幻炎　无受无作无字說
隨衆故說不可說　記說无我知法性
時兜率陁天王与兜率天子偈讚佛已尋侍
佛後尒時化樂天王与善化樂天子於其果

如來具足得十力　知諸法界如虛空
无色衰愍亦形色　其心平等視衆生
如來常行世尊行　爲衆生故行世行
開无分別諸法界　我今敬礼非天人
時化樂天王与諸天子偈讚佛已尋侍佛後
尒時他化自在天王与他化自在天子於其
界次階上見佛以天香華微妙伎樂而供養
之以偈讚佛
如戒而住寂靜地　脩集无上三昧定
其智无㝵无有邊　我礼畢竟解脫者
大慈大悲微妙語　真實能知道非道
勇健精進力无勝　我今敬礼无能動
常能脩集三解脫　无能稱讚盡其德
爲誰不同念爲悲　不能王動而遂用

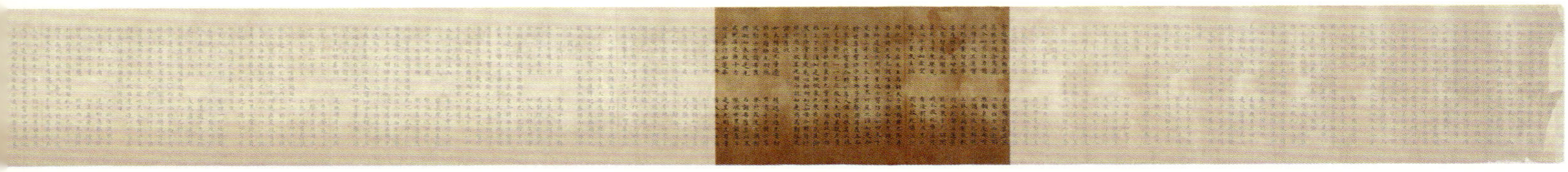

常能脩集三解脱　无能稱讚盡其德
烏雖不同金烏飛　亦能任力而遊翔
我今如烏任力讚　唯願哀愍受微嘆
不種不収其菓實　不讚如來无解脱
憐愍為葉智慧華　三昧為鬚解脱敷
菩薩蜂王食甘露　我今礼佛法蓮華
大悲智慧光圓滿　能破衆生无明闇
其戒清涼衆樂見　我今敬礼佛法月
其心平等如虚空　香塗割刺心无二
能淨无量衆生垢　我今敬礼佛法河

時他化自在天王与諸天子偈讚佛已即尋佛後諸天各各讚嘆佛已尒時如来示現无量神通道力漸漸至彼七寶坊中如四天下

次第坐於寶坐尒時世尊入佛三昧其三昧
名无导解脫一一毛孔放大光明其數无量
如恒沙等照於東方无量世界南西北方四
維上下之復如是地獄蒙光衆苦得息其餘
衆生除貪恚癡慈心相向如父如母尒時時以
佛功德力故其光明中說如是偈為勸放逸
諸菩薩故

如来精進无量邊　精進力過无量劫
誰能讚佛光明德　唯有十方諸世尊
為勸十方諸菩薩　樂於放逸不脩禪
釋迦如来放是光　召諸菩薩集此界
成就具足佛十力　能破世界諸魔王
世法不汙如蓮華　是其光明无有量
如来轉此无上輪　諸天世人所不能

BD00334　大方等大集經（异卷）卷一

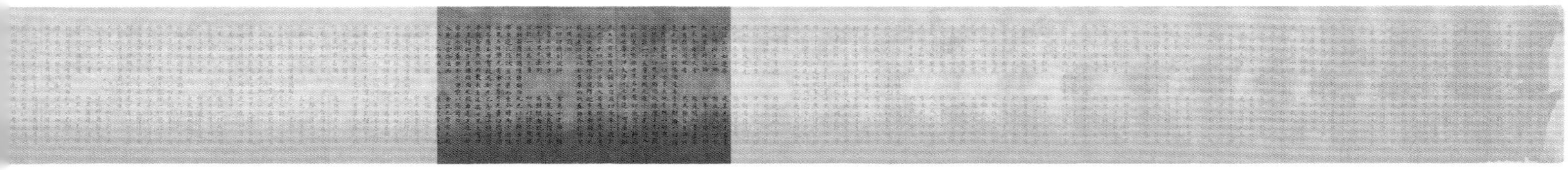

世法不汙如蓮華　是其光明无有量
如來轉此无上輪　諸天世人所不能
為諸衆生轉法輪　如本十方佛所轉
如來今者集大會　雖見猶如憂曇華
若有信心成就者　悉為聽法至佛所
是光明中所説偈頌遍告十方勸喻一切諸
菩薩等震動一切世界大地普施一切衆生
安樂能淨一切衆生煩惱破壞衆生无明癡
闇能弊一切天魔宮殿光遍十方還從頂入
尒時東方有佛世界名无量功德寶聚神通
有佛世尊号淨大淨光七菩提分寶華无垢
光王彼有菩薩名諸法自在功德華子遇斯
光已与十恒河沙等諸大菩薩俱共發來至

以偈讚曰

一切功德到彼岸　常為十方佛所稱

无量名号遍十方　大慈大悲釋師子

如来法界无差別　為鈍根者説差別

宣説一法為无量　如大幻師示衆事

時諸菩薩偈讚嘆佛頭面礼已以已神力於佛東邊化作狀坐次第而坐尒時南方有佛世界名曰佛光有佛世尊号无量功德寳彼有菩薩名曰寳杖遇斯光已即与十恒河沙等諸菩薩衆俱共發来至娑婆世界大寳坊中見釋迦牟尼佛頭面礼敬右遶万迊以妙香華而供養佛即於佛前以偈讚曰

大慈法雲降法雨　常説无常空无我

大慈法雲降法雨　常說无常空无我
以八正水滅結火　能長衆生諸善根
佛光能破无明闇　能誨放逸諸菩薩
能燋三有諸愛種　能示真實道非道
時諸菩薩偈讚嘆佛頭面礼已以已神力於
佛南邊化作林坐次第而坐尒時西方有佛
世界名日光明佛号普光彼有菩薩名稱力
王遇斯光已即与十恒河沙等諸菩薩衆俱
共發来至娑婆世界大寶坊中見釋迦牟尼
佛頭面礼敬右遶万迊以妙香華供養於佛
復於佛前以偈讚曰
於无量劫發善願　是故得身淨无漏
如来行業如虚空　无㝵音聲遍十方

時諸菩薩偈讚嘆佛頭面礼已以已神力於
佛西邊化作牀坐次第而坐尒時北方有佛
世界名寶庄嚴佛号无量功德庄嚴彼有菩
薩名大海智遇斯光已即与十恒河沙等諸
菩薩衆俱共發来至娑婆世界大寶坊中見
釋迦牟尼佛頭面礼敬右遶万迊以妙香華
供養於佛復於佛前以偈嘆曰
如来无上金光明　能壞一切世間闇
若有衆生遇斯光　遇者悉能壞煩惱
設身高出大千界　神通道力无邊際
是人不能見頂相　大悲廣世造何業
時諸菩薩偈讚嘆佛頭面礼已以已神力於
佛北邊化作牀坐次第而坐尒時東南方有
佛世界名曰无憂佛号能壞一切闇彼有菩

佛北邊化作牀坐次弟而坐尒時東南方有
佛世界名曰无憂佛号能壞一切闇彼有菩
薩名无勝光遇斯光已即与十恒河沙等諸
菩薩衆俱共發来至娑婆世界大寶坊中見
釋迦牟尼佛頭面礼敬右遶万匝以妙香華
供養於佛復於佛前以偈讃曰

无量界入一毛孔　二不嬈害諸衆生
如来境界无知者　是故神通難思議
能令一身作无量　而其真身无增減
雖爲衆生現神變　然其内心无憍慢

時諸菩薩偈讃嘆佛頭面礼已以已神力於
佛東南化作牀坐次弟而坐尒時西南方有
佛世界名曰善見佛号心平等彼有菩薩名

牟尼佛頭面礼敬右遶万迊以妙香華供養
於佛復於佛前以偈讃曰
无量世中護禁戒　猶如猫牛愛其尾
見有毀戒生悲心　亦不憍慢讃己身
如来之心如須弥　十方耶見不能動
智慧甚深无得底　猶如大海難思議
佛自解脫一切有　亦令若縛得解脫
所得解脫實无差　隨道行時有別異
時諸菩薩偈讃嘆佛頭面礼已以己神力於
佛西南化作牀坐次第而坐尒時西北方有
佛世界名曰壞闇佛号大神通王彼有菩薩
名曰寶網遇斯光已即与十恒河沙等諸菩
薩衆俱共發来至娑婆世界大寶坊中見釋

名日寶網遇斯光已即与十恒河沙等諸菩
薩衆俱共發来至娑婆世界大寶坊中見釋
迦牟尼佛頭面礼敬右遶万迊以妙香華供
養於佛復於佛前以偈讚曰
如来世尊猶如幻　而為衆生說幻事
實无真物故名幻　若有衆生說衆生
如人夢中見諸色　寤已真實无色相
為度衆生示世行　如来真實无世行
時諸菩薩偈讚嘆佛頭面礼已以已神力於
佛西北化作牀坐次苐而坐尒時東北方有
佛世界名曰淨住佛号心同虛空彼有菩薩
名无邊淨意遇斯光已即与十恒河沙等諸
菩薩衆俱共發来至娑婆世界見釋迦牟尼
佛頭面作礼右遶万迊以妙香華供養於佛

乃知衆生諸心想　亦說諸法如虛空
住一心中知三世　亦復能知種種業
不生心相衆生想　无量世脩无相想
時諸菩薩偈讚嘆佛頭面礼已以已神力於
佛東北化作林坐次第而坐尒時下方有佛
世界名曰樂光佛号寶憂鉢葉彼有菩薩名
庄嚴樂說遇斯光已即与十恒河沙等諸大
菩薩俱共發来至娑婆世界見釋迦牟尼佛
頭面礼敬右遶万迊以妙香華而供養佛復
於佛前以偈讚曰
无量智者佛真子　數如十方微塵等
於无量劫諮問佛　不盡如来一字義
是故如来智无邊　功德捴持亦如是

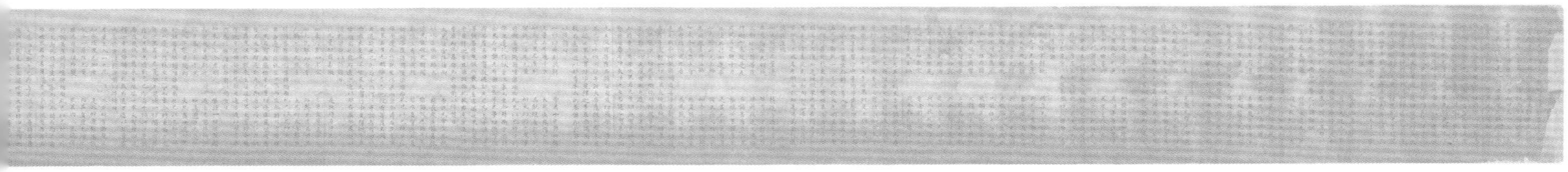

於无量劫說同佛　不盡如来一字義
是故如来智无邊　功德摠持亦如是
名稱力勢无邊際　猶如大海十方界
時諸菩薩偈讚嘆佛頭面礼已以已神力於
如来下方化作牀坐次第而坐尒時上方有
佛世界名瓔珞庄嚴佛号大名稱彼有菩薩
名一法神通王遇斯光已即与十恒河沙等
諸菩薩衆俱共發来至娑婆世界見釋迦牟
尼佛頭面礼敬右遶万迊以妙香華而供養
佛即於佛前以偈讚曰
佛身身業无邊際　心口及業亦如是
唯佛能知佛三業　餘不知如虛空邊
如来无師无教者　是故衆生稱大師
諸佛法界巨思議　菩提法轉入涅槃

方无量諸大菩薩一時雲集大寶坊中尒時
世尊即從三昧安詳而坐謦欬之聲徹于十
方一切衆生悉得聞之聞已即於佛法僧寶
生信敬心十方世界所有比丘比丘尼優婆
塞優婆夷若人非人聞佛聲已身心寂靜以
佛功德威神力故悉得覩見寶階梯橙於一
念頃悉蹬寶階至寶坊中各隨其位次第而
坐諸梵天人亦聞其音梵天大梵天梵師天
梵衆天光天少光天无量光天少淨天无量
淨天无雲天福德天廣果天无狂天无熱天
善見天樂見天阿迦尼吒天亦一念頃俱至
寶坊見佛世尊頭面礼已次第而坐化作牀
坐尒時世尊見諸大衆皆已集會放眉間光

寶坊見佛世尊頭面礼已次第而坐化作牀
坐尒時世尊見諸大衆皆已集會放眉間光
其光名曰示菩薩力遶諸菩薩七迊已於諸
菩薩頂髻而入尒時會中有一菩薩名諸法
自在功德華子即入三昧其三昧名瓔珞莊
嚴以三昧力故於寶坊中出師子座座高八
万億多羅樹七寶莊嚴散種種華為諸衆生
之所樂見能淨一切衆生之心尒時諸法自
在功德華子菩薩摩訶薩化作如是師子坐
已從其三昧安詳而起合掌恭敬頭面作礼
即於佛前以偈讚曰

日月光明壞現冥　佛光能壞三世闇
如来具足神通力　勝於一切諸天光
佛了法界无覺知　如幻水月无去来

如来神通猶如幻　知諸法界亦復然
一切衆生心常淨　或時為客煩惱汙
諸佛如来得解脫　示現神通等如幻
虛空无地无住處　如来之心亦如是
為衆故昇師子座　如先諸佛說甘露
一切大衆无去来　亦无聽說无樂者
諸法悉皆如虛空　唯願開闡真實界
世尊受我師子座　願為衆生師子吼
愍衆故演梵音聲　熾燃智燈破癡闇
十方諸来聽法衆　悉来集會此寶坊
願佛當施大法施　破无量世貧窮際
尒時世尊以大慈悲憐愍諸法自在功德華
子菩薩摩訶薩昇其所奉師子寶座欲說一

尒時世尊以大慈悲憐愍即讚法自在功德華
子菩薩摩訶薩昇其所奉師子寶座欲說一
切諸菩薩行无㝵法門具足一切佛法十力
四无所畏入一切法自在陁羅尼法門入四
无㝵智法門入大神通法門不退轉輪不退
住處攝一切乘真一法界无分別法界善知
一切衆生心根法界真實堅固難沮能壞一
切四魔怨讎調伏一切惡見煩惱獲得不共
善權方便得大平等心无二故一切諸佛等
入之處无罣㝵處說一切法悉真實故演說
諸法非覺非非覺故十二因緣平等相觀故
具足智慧大莊嚴故莊嚴佛音聲故无盡念
意行智慧故演說真實四聖諦故能令聲聞
身心淨故令辟支佛坐紹位牀故大乘菩薩

起因心故摧滅一切惡耶論故增長如来佛
正法故顯示衆生佛神力故以如是等諸因
緣故如来昇於師子寶座尒時寶杖菩薩承
佛神力入佛瓔珞莊嚴三昧以三昧力故能
令大衆悉得種種瓔珞莊嚴時稱力王菩薩
復承佛神力入蓮華三昧以三昧力故悉令
大衆皆得妙華供養於佛及諸菩薩時大海
慧智菩薩亦承佛神力入妙香三昧以三昧
力故能令大衆皆得妙香供養於佛及諸菩
薩時寶網菩薩亦承佛神力入光明三昧以
三昧力故悉令大衆身得光明時悲心菩薩
亦承佛神力入无瞬三昧以三昧力悉令大
衆仰瞻如来目未曾瞬時无邊淨意菩薩亦

衆仰瞻如来目未曾瞬時无邊淨意菩薩〻
承佛神力入書三昧以三昧力悉令大衆書
樂聽法時莊嚴樂說菩薩〻承佛神力入家
静意三昧以三昧力悉令大衆遠離五蓋時
一切法神足王菩薩〻承佛神力入不忘三
昧以三昧力悉令大衆專念菩提心不忘失
時勇健菩薩〻承佛神力入无勝三昧以三
昧力悉令大衆摧伏諸魔時破魔菩薩〻承
佛神力入壊魔三昧以三昧力名此三千大
千世界一億魔王来集寶坊至於佛所頭面
作礼合掌恭敬咸作是言唯願如来廣為衆
開甘露門我等皆因破魔菩薩威神力故當
得遠離一切魔業於諸大衆心无妨㝵佛言
善哉善哉善男子汝等今已得離魔業以是

量世中无明黑闇今日能破如日月寶光住
信戒施慧禪定亦尒善男子汝等今者請佛
說法以是因緣汝等當得破无明闇為諸衆
生作智慧明尒時衆中有一菩薩名法自在
王白佛言世尊如来境界不可思議何以故
如来發心將欲說法能令一切大衆運集為
菩提故作大莊嚴大法神通无量世間得大
名稱身心寂靜獲得解脫及得不可思議法
界十方諸佛之所讚嘆具足一切十波羅蜜
成就通達善權方便能裂一切諸魔羂網能
滅衆生惡耶諸論能善分別一切法界逮得
具足无㝵智慧具念意行智慧勇健具足獲
得四无㝵智善知衆生諸根利鈍知衆生界

具足无导智慧具念意行知慧[illegible]能具足獲
得四无导智善知衆生諸根利鈍知衆生果
隨意説法常能宣説清淨法果善解一切世
俗之言能得一切清淨梵音具足成就慈悲
之心諸耶異見不能令動不可破壞如金剛
山具脩三相建立法幢已度甚深十二因緣
河斷於常見能調大衆无量劫中得不可思
議法聚能療衆病如大醫王聞深法已不生
怖畏三十二相八十種好庄嚴其身具足成
就三十七品及八解脫身口意業純善无雜
能令衆生志來聽法世間之法所不能汙常
受安樂常脩法果慧施法寶於法无厭於諸
有法心不染著猶如蓮華塵水不染明勝諸
光智深如海紹三寶性調衆生果能開佛藏

一處具如是等功德菩薩悉來集會唯願如
來說菩薩行无㝵法門利益過去未來現在
諸菩薩等令初發心得不退故久發心者得
增長故行菩提道得淨意故不退菩薩學佛
法故一生菩薩瓔珞莊嚴故後身菩薩得阿
耨多羅三藐三菩提故定性衆生增長因緣
故未定性者作因緣故未入佛法者令得入
故已入佛法者敬佛法故樂三乘者說一乘
故施於世間人天樂故世尊如來出世有如
是等不可思議事世尊今此大衆一一菩薩
悉能示現諸大神通是故諸佛及諸菩薩不
可思議世尊云何衆生无明憂重欲見菩薩
如是神通而故生於聲聞緣覺卑下之心世

不思議世尊云何能生无明憂重欲見菩薩
如是神通而故生於聲聞緣覺卑下之心世
尊菩薩初發菩提心時已勝一切聲聞緣覺
世尊辟如有人捨諸流離取於水精一切衆
生亦復如是捨於大乘喜樂聲聞辟支佛乘
若有衆生已發欲發阿耨多羅三藐三菩提
心者如是之人悉當獲得如是功德尒時會
中有三千億那由他百千万億衆生天与人
發阿耨多羅三藐三菩提心
大方等大集經陀羅尼自在王菩薩品第二
尒時世尊知諸菩薩悉已大集作是思惟今
日如是善丈夫等咸欲得知諸法實義能持
如来甚深法藏欲得聞受諸菩薩行无㝵法
門尋放眉間白豪光明名无所畏遶諸大衆

盖猶如三千大千世界七寳莊嚴以覆如来
寳坐之上頭面作礼合掌長跪説偈讚佛

如来於法得自在　其光能破世間闇
世尊佛眼无罣㝵　能見諸法真實義
具足无量諸功德　无師獨寤諸法界
如来放光為衆生　今入我身何因緣
我本所知念不明　陁羅尼根亦如是
此光今来入我身　了了得知諸法界
身心獲得大清淨　受樂无上无有邊
我今已知佛境界　亦得樂説无㝵辯
十方諸佛親近難　愚者不能師事之
我今承佛神力故　欲少發問利衆生
何因緣發菩提心　復以何義佛出世

我今承佛神力故　欲少發問利衆生
何因緣發菩提心　復以何義佛出世
何緣放光遍十方　復以何因示神通
何緣佛爲衆受記　願爲大衆分別説
今此大衆勝无上　悉能受持佛法界
此衆无魔及魔業　唯有開示佛法藏
我智淺近有邊崖　何能諮請无上尊
今問如來无邊智　云何得知諸方便
願今教誨諸弟子　我學已得法自在
得已能施大法雨　當報十方諸佛恩
世尊諸佛如來不可思議菩薩所行无有邊
際是故我今欲問如來无上法王大慈悲衆
爲利衆生問甚深義云何名爲菩薩之行以
何瓔珞莊嚴菩薩能令菩薩所行清淨云何

云何菩薩真實能脩菩薩之業善業不悔業
唯願如来哀愍宣說又此大衆利根智慧能
解佛語能知法界能達菩薩所行无㝵法門
能壞一切魔及魔業破大疑心能解諸佛甚
深境界知衆生界衆生心性能見无量諸佛
世界能護如来无上正法能於諸法得大自
在尒時佛讚陁羅尼自在王菩薩言善哉善
哉善男子能問如来甚深之義能善行佛无
量行者乃能如汝發斯深問汝今至心當為
汝說菩薩若能成就具足如是功德當於諸
法得大自在世尊今正是時唯垂宣說佛言
善男子菩薩有四瓔珞庄嚴一者戒瓔珞庄
嚴二者三昧瓔珞庄嚴三者智慧瓔珞庄嚴
四者陁羅尼瓔珞庄嚴戒瓔珞庄嚴有一種

嚴三三昧瓔珞莊嚴三三昧智慧瓔珞莊嚴
四者陁羅尼瓔珞莊嚴戒瓔珞莊嚴有一種
謂於衆生无有害心菩薩若无惡害之心一
切衆生常所樂見復有二種一者閉塞惡道二者
能開善門復有三種一者身淨二者口淨三
者意淨復有四種一者所求悉得二者所願
具足三者所願成就四者所欲能作復有五
種一者信二者戒三者定四者念五者慧復
有六種一不破戒二不漏戒三不雜戒四不
悔戒五自在戒六无屬戒復有七種所謂七
淨一者施淨二者忍淨三者精進淨四者禪
定淨五者智慧淨六者方便淨七者善方便
淨復有八種謂八具足一者无作具足二者
地具足三者不忘具足四者不緩具足五者

三者定智四者寂靜五者至心六者清涼七
者結緩八者調心九者住調伏地復有十種
一者淨身為三十二相故二者淨口為言无
二故三者淨意為解脫故四者淨田為令衆
生福德增故五者淨心為調衆生故六者淨
有為為化衆生故七者菩薩名淨為得如来
諸功德故八者淨慧為大神通故九者淨方
便破諸魔衆故十者淨戒為不共法故善男
子如是等事名戒瓔珞莊嚴三昧瓔珞莊嚴
有一種所謂為諸衆生脩集慈心復有二種一
者質直二者柔濡復有三種一不虛誑二不
麁獷三不耶諂復有四種一不愛行二不瞋
行三不畏行四不癡行復有五種所謂遠離

行三不畏行四不癡行復有五種所謂遠離
五蓋三昧復有六種所謂脩集六念三昧復有
七種所謂脩集七覺三昧復有八種所謂脩
集八正三昧復有九種一者菩薩脩集菩提
之心及大慈悲不捨一切无量衆生脩集念心遠
離欲惡不善之法有覺有觀寂靜喜樂得初
禪二者遠離覺觀内得喜心至心思惟无覺
无觀定生喜樂得第二禪三者離喜脩捨具
足念心无有放逸身受安樂得第三禪四者
遠離苦樂滅憂喜心非苦非樂脩集捨心寂
靜念得第四禪五者遠離色相脩无量空相
六者遠離空相脩无量識相七者遠離識相
脩无所有相八者遠離无所有相脩非想非
非想相九者雖未成就善方便智以三昧力

者善能了知時節五者至心受持善法六者
寂靜其心七者觀身八者常觀法界九者心
得自在十者獲得聖性是名三昧瓔珞庄嚴
智慧瓔珞庄嚴有一種所謂心无疑因復有
二種一者遠離疑心二者遠離瞋心復有三
種一者遠離无明二者破无明鄣三者作大
光明復有四種一者知苦二者斷集三者證
滅四者脩道復有五種一者戒衆清淨二者
定衆清淨三者慧衆清淨四者解脫衆清淨
五者解脫知見衆清淨復有六種一者淨檀
波羅蜜有三種一者內淨觀法如幻二者衆
生淨觀之如夢三者菩提淨不求果報二者
淨尸波羅蜜有三種一者觀身如影二者觀

淨尸波羅蜜有三種一者觀身如影二者觀
口如響三者觀心如幻三者淨羼提波羅蜜
有三種一者聞毀不瞋二者聞讚不喜三者
若被割截及奪命時能觀法界四者淨毗梨
耶波羅蜜復有三種一者不想二者堅固三
者不見法相五者淨禪波羅蜜有三種一者
不著諸法二者心不退轉三者所緣清淨六
者淨方便波羅蜜有三種一者攝取衆生為
解脫故二者淨陁羅尼為持法故三者所願
清淨為淨佛土故有七種一者脩四念處不
取不著二者脩四正懃不出不滅三者脩四
神足身心清淨四者脩於五根知根无根五
者脩集於力能破煩惱六者脩菩提分知法
果真實七者脩集聖道无有去来復有八種

為解法界等虚空故五者修入智為知法性平等故六者修知十二因緣智觀无我无我所故七者修觀諦智壞四倒故八者修集分别知法界智為知真實故復有九種一者觀无常想二者觀无常苦想三者觀苦无我想四者觀食不淨想五者觀於世間不可樂想六者觀諸生死多過患想七者觀解脫想八者觀離貪想九者觀於盡想復有十種一者觀於諸法猶如幻想二如夢想三如炎想四如嚮想五如芭蕉樹想六者如水中月想七如影想八者觀於法界无增減想九者觀諸法界无有去住十者觀於无為无有生滅是名為慧瓔珞莊嚴

為慧瓔珞庄嚴
大集經卷第一

BD00335 金剛般若波羅蜜經

（後秦）鳩摩羅什 譯

365.3cm × 22.8cm

得慧眼未曾
得聞是經信心清淨
知是人成就第一希有功
則是非相是故如來說名
聞如是經典信解受持不
後五百歲其有衆生得
人則為第一希有何
生相壽者相所以者何我相即
衆生相壽者相即是非相何以故離一
相則名諸佛
佛告須菩提如是如是若復有人得聞是
不驚不怖不畏當知是人甚為希有何以故
須菩提如來說第一波羅蜜非第一波羅

何以故須菩提如我昔爲歌利王割截身
我於尒時无我相无人相无衆生相无壽者
相何以故我於往昔節節支解時若有我
人相衆生相壽者相應生瞋恨須菩提又念過
去於五百世作忍辱仙人於尒所世无我相
无人相无衆生相无壽者相是故須菩提菩
薩應離一切相發阿耨多羅三藐三菩提心
不應住色生心不應住聲香味觸法生心應
生无所住心若心有住則爲非住是故佛説
菩薩心不應住色布施須菩提菩薩爲利益
一切衆生應如是布施如來説一切諸相即
是非相又説一切衆生則非衆生
須菩提如來是真語者實語者如語者不

BD00335　金剛般若波羅蜜經

須菩提如来是真語者實語者如語者不
誑語者不異語者須菩提如来所得法此法
无實无虚
須菩提若菩薩心住於法而行布施如人入
闇則无所見若菩薩心不住法而行布施如
有目日光明照見種種色
須菩提當来之世若善男子善女人能於此經
受持讀誦則為如来以佛智慧悉知是人悉
見是人皆得成就无量无邊功德
須菩提若有善男子善女人初日分以恒河沙
等身布施中日分復以恒河沙等身布施
日分亦以恒河沙等身布施如是无量百千
万億劫以身布施若復有人聞此經典信心

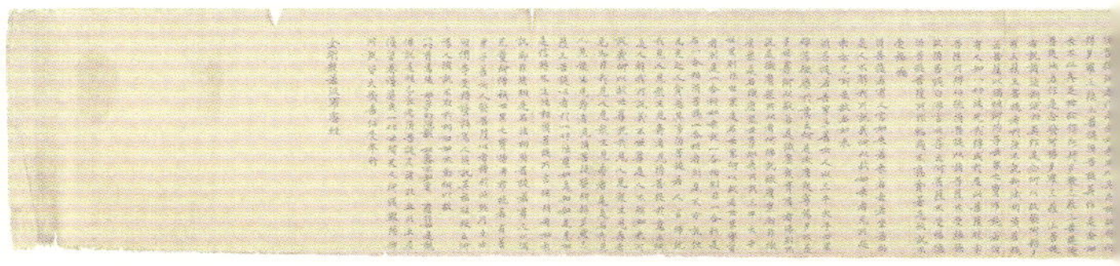

須菩提以要言之是経有不可思議不可
量无邊功德如来為發大乘者説為發最上
乘者説若有人能受持讀誦廣為人説如来
悉知是人悉見是人皆得成就不可量不可
稱无有邊不可思議功德如是人等則為荷
擔如来阿耨多羅三藐三菩提何以故須菩
提若樂小法者著我見人見衆生見壽者
則於此経不能聽受讀誦為人解説須菩提
在在處處若有此経一切世間天人阿脩羅
所應供養當知此處則為是塔皆應恭敬作
礼圍遶以諸華香而散其處
復次須菩提善男子善女人受持讀誦此
若為人輕賤是人先世罪業應墮惡道以今
世人輕賤故先世罪業則為消滅當得阿耨

BD00335　金剛般若波羅蜜經

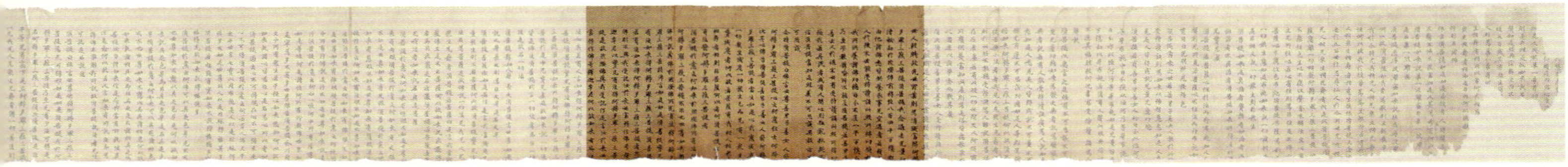

若爲人輕賤是人先世罪業應墮惡道
世人輕賤故先世罪業則爲消滅當得阿耨
多羅三藐三菩提須菩提我念過去无量阿
僧祇劫於然燈佛前得值八百四千万億那
由他諸佛悉皆供養承事无空過者若復有
人於後末世能受持讀誦此經所得功德於
我所供養諸佛功德百分不及一千万億分
乃至筭數譬喻所不能及須菩提若善男子
善女人於後末世有受持讀誦此經所得功
德我若具說者或有人聞心則狂亂狐疑不
信須菩提當知是經義不可思議果報亦不
可思議
尒時須菩提白佛言世尊善男子善女人發
阿耨多羅三藐三菩提心云何應住云何降

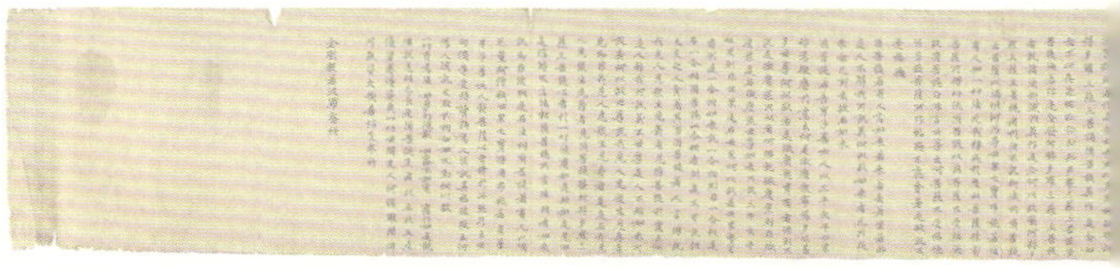

一切衆生滅度一切衆生已而无有一衆生
實滅度者何以故若菩薩有我相人相衆生
相壽者相則非菩薩所以者何須菩提實无
有法發阿耨多羅三藐三菩提者
須菩提於意云何如来於然燈佛所有法得
阿耨多羅三藐三菩提不不世世尊如我解
佛所說義佛於然燈佛所无有法得阿耨多
羅三藐三菩提佛言如是如是須菩提實无
有法如来得阿耨多羅三藐三菩提須菩提
若有法如来得阿耨多羅三藐三菩提者然燈
佛則不與我受記汝於来世當得作佛号釋
迦牟尼以實无有法得阿耨多羅三藐三菩
提是故然燈佛與我受記作是言汝於来世
當得作佛号釋迦牟尼何以故如来者即諸

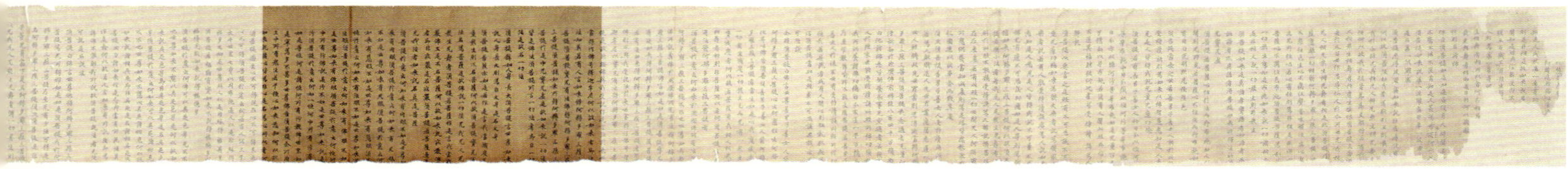

當得作佛号釋迦牟尼何以故如來者即諸
法如義若有人言如來得阿耨多羅三藐三
菩提須菩提實无有法佛得阿耨多羅三藐
三菩提須菩提如來所得阿耨多羅三藐三
菩提於是中无實无虛是故如來說一切法
皆是佛法須菩提所言一切法者即非一切
法是故名一切法
須菩提譬如人身長大須菩提言世尊如來
說人身長大則為非大身是名大身
須菩提菩薩亦如是若作是言我當滅度无
量衆生則不名菩薩何以故須菩提實无有
法名為菩薩是故佛說一切法无我无人无
衆生无壽者須菩提若菩薩作是言我當莊

无我法者如来説名真是菩薩
須菩提於意云何如来有肉眼不如是世尊如
来有肉眼須菩提於意云何如来有天眼
不如是世尊如来有天眼須菩提於意云何
如来有慧眼不如是世尊如来有慧眼須菩
提於意云何如来有法眼不如是世尊如来有
法眼須菩提於意云何如来有佛眼不如
是世尊如来有佛眼須菩提於意云何恒河
中所有沙佛説是沙不如是世尊如来説是
沙須菩提於意云何如一恒河中所有沙有
如是等恒河是諸恒河所有沙數佛世界如
是寧為多不甚多世尊佛告須菩提尒所國
土中所有衆生若干種心如来悉知何以故
如来説諸心皆為非心是名為心所以者何

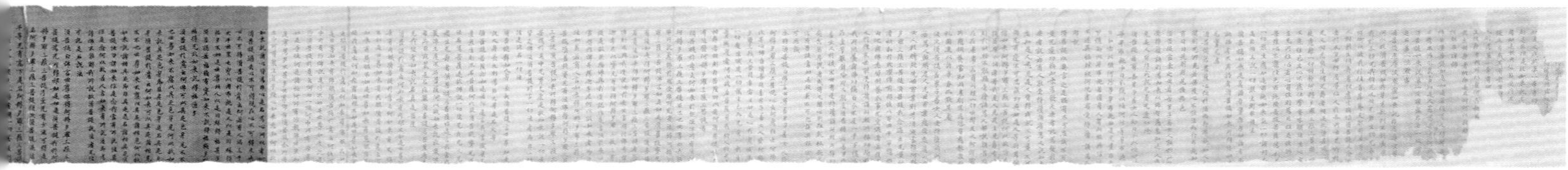

如来說諸心皆爲非心是名爲心所以者何
須菩提過去心不可得現在心不可得未来
心不可得須菩提於意云何若有人滿三千
大千世界七寶以用布施是人以是因緣得
福多不如是世尊此人以是因緣得福甚多
須菩提若福德有實如来不說得福德多以
福德无故如来說得福德多
須菩提於意云何佛可以具足色身見不不
也世尊如来不應以具足色身見何以故如
来說具足色身即非具足色身是名具足色
身須菩提於意云何如来可以具足諸相見
不不世世尊如来不應以具足諸相見何以故
如来說諸相具足即非具足是名諸相具足須
菩提汝勿謂如来作是念我當有所說法莫

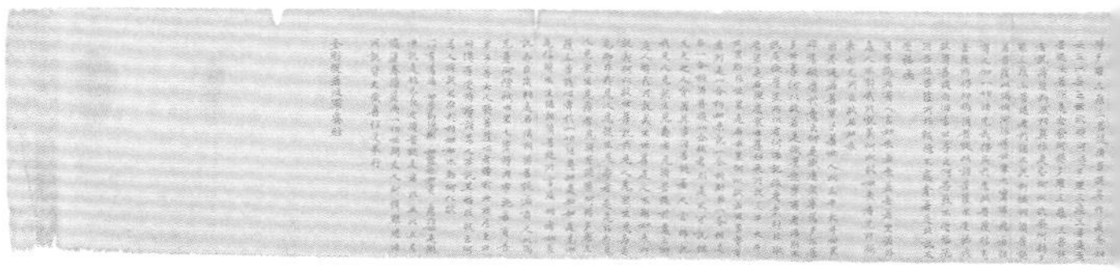

可說是名說法
須菩提白佛言世尊佛得阿耨多羅三藐三
菩提為无所得耶如是如是須菩提我於阿
耨多羅三藐三菩提乃至无有少法可得是
名阿耨多羅三藐三菩提復次須菩提是法
平等无有高下是名阿耨多羅三藐三菩提
以无我无人无衆生无壽者脩一切善法則
得阿耨多羅三藐三菩提須菩提所言善法
者如來說非善法是名善法
須菩提若三千大千世界中所有諸須弥山
王如是等七寶聚有人持用布施若人以此
般若波羅蜜經乃至四句偈等受持讀誦為
他人說於前福德百分不及一百千万億分

BD00335　金剛般若波羅蜜經

般若波羅蜜經乃至四句偈等受持讀誦為
他人說於前福德百分不及一百千万億分
乃至筭數譬喻所不能及
須菩提於意云何汝等勿謂如来作是念我
當度衆生須菩提莫作是念何以故實无有
衆生如来度者若有衆生如来度者如来則
有我人衆生壽者須菩提如来說有我者則
非有我而凡夫之人以為有我須菩提凡夫
者如来說則非凡夫
須菩提於意云何可以卅二相觀如来不須
菩提言如是如是以卅二相觀如来佛言須
菩提若以卅二相觀如来者轉輪聖王則是
如来須菩提白佛言世尊如我解佛所說義
不應以卅二相觀如来尒時世尊而說偈言

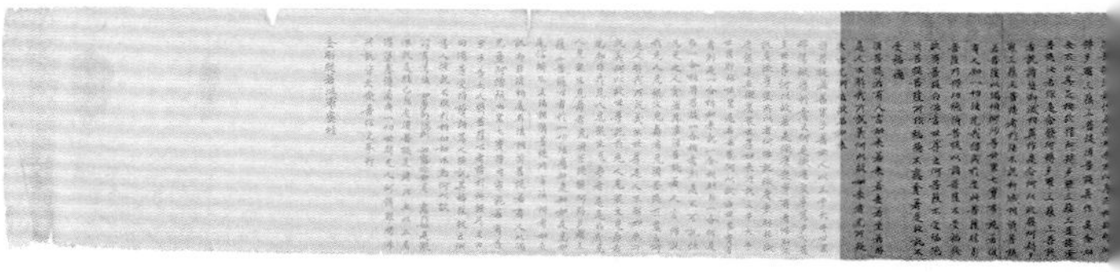

耨多羅三藐三菩提須菩提莫作是念如
來不以具足相故得阿耨多羅三藐三菩提須
菩提汝若作是念發阿耨多羅三藐三菩提
者說諸法斷滅相莫作是念何以故發阿耨多
羅三藐三菩提者於法不說斷滅相須菩提
若菩薩以滿恒河沙等世界七寶布施若復
有人知一切法无我得成於忍此菩薩勝前
菩薩所得功德須菩提以諸菩薩不受福德
故須菩提白佛言世尊云何菩薩不受福德
須菩提菩薩所作福德不應貪著是故說不
受福德
須菩提若有人言如來若來若去若坐若卧
是人不解我所說義何以故如來者无所從
來亦无所去故名如來

是人不解我所説義何以故如來者无所從
來亦无所去故名如來
須菩提若善男子善女人以三千大千世界
碎爲微塵於意云何是微塵衆寧爲多不甚
多世尊何以故若是微塵衆實有者佛則不
説是微塵衆所以者何佛説微塵衆則非微
塵衆是名微塵衆世尊如來所説三千大千
世界則非世界是名世界何以故若世界實有
者則是一合相如來説一合相則非一合相是
名一合相須菩提一合相者則是不可説但
凡夫之人貪著其事須菩提若人言佛説
我見人見衆生見壽者見須菩提於意云何
是人解我所説義不世尊是人不解如來所
説義何以故世尊説我見人見衆生見壽者

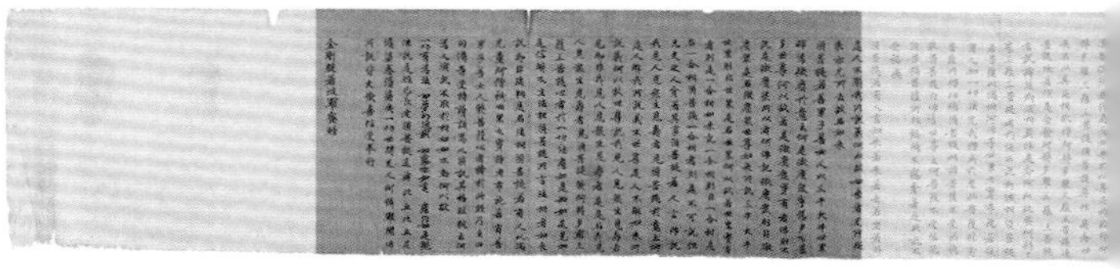

藐三菩提心者於一切法應如是知如是見如
是信解不生法相須菩提所言法相者如来
説即非法相是名法相須菩提若有人以滿
无量阿僧祇世界七寶持用布施若有善
男子善女人發菩薩心者持於此經乃至四
句偈等受持讀誦為人演説其福勝彼云何
為人演説不取於相如如不動何以故
一切有為法　如夢幻泡影　如露亦如電　應作如是觀
佛説是經已長老須菩提及諸比丘比丘尼
優婆塞優婆夷一切世間天人阿脩羅聞佛
所説皆大歡喜信受奉行

金剛般若波羅蜜經

金剛般若波羅蜜経

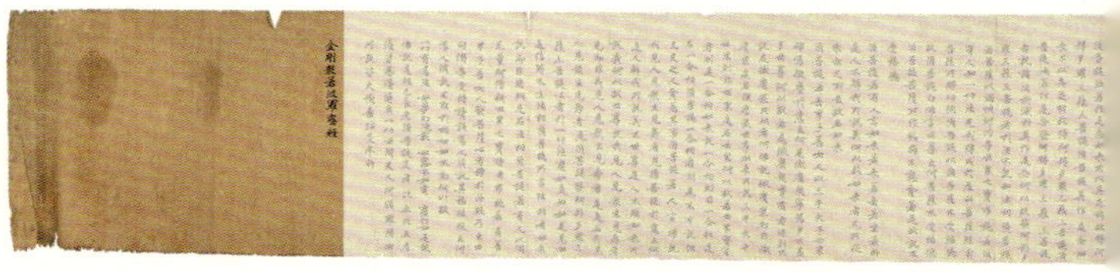

BD00335　金剛般若波羅蜜經

BD00336 金剛般若波羅蜜經

（後秦）鳩摩羅什 譯

482.7cm × 25.5cm

常說汝等比丘知
捨何況非法
須菩提於意云何　得阿耨多羅三藐三
菩提耶如來有所說法耶須菩提言如我解
佛所說義无有定法名阿耨多羅三藐三菩
提亦无有定法如來可說何以故如來所說
法皆不可取不可說非法非非法所以者何
一切賢聖皆以无為法而有差別
須菩提於意云何若人滿三千大千世界七
寶以用布施是人所得福德寧為多不須菩
提言甚多世尊何以故是福德即非福德性
是故如來說福德多若復有人於此經中

三菩提法皆從此經出須菩提所謂佛法者
即非佛法
須菩提於意云何須陁洹能作是念我得須
陁洹果不須菩提言不也世尊何以故須陁
洹名為入流而无所入不入色聲香味觸法
是名須陁洹須菩提於意云何斯陁含能作
是念我得斯陁含果不須菩提言不也世尊
何以故斯陁含名一往來而實无往來是名
斯陁含須菩提於意云何阿那含能作是念
我得阿那含果不須菩提言不也世尊何以
故阿那含名為不來而實无來是故名阿那
含須菩提於意云何阿羅漢能作是念我得

BD00336　金剛般若波羅蜜經

含須菩提於意云何阿羅漢能作是念我得
阿羅漢道不須菩提言不也世尊何以故實
无有法名阿羅漢世尊若阿羅漢作是念我
得阿羅漢道即為著我人衆生壽者世尊佛
說我得无諍三昧人中最為第一是第一離
欲阿羅漢我不作是念我是離欲阿羅漢世
尊我若作是念我得阿羅漢道世尊則不說
須菩提是樂阿蘭那行者以須菩提實无所
行而名須菩提是樂阿蘭那行
佛告須菩提於意云何如來昔在然燈佛所
於法有所得不世尊如來在然燈佛所於法
實无所得須菩提於意云何菩薩莊嚴佛土

是名莊嚴是故須菩提諸菩薩摩訶薩應如
是生清淨心不應住色生心不應住聲香味
觸法生心應无所住而生其心須菩提譬如
有人身如須弥山王於意云何是身為大不
須菩提言甚大世尊何以故佛說非身是名
大身須菩提如恒河中所有沙數如是沙等
恒河於意云何是諸恒河沙寧為多不須菩
提言甚多世尊但諸恒河尚多无數何況其
沙須菩提我今實言告汝若有善男子善女
人以七寶滿尒所恒河沙數三千大千世界
以用布施得福多不須菩提言甚多世尊佛
告須菩提若善男子善女人於此經中乃至
受持四句偈等為他人說而此福德勝前福

言須菩提若善男子善女人於此經中乃至
受持四句偈等為他人說而此福德勝前福
德復次須菩提隨說是經乃至四句偈等當
知此處一切世間天人阿脩羅皆應供養
如佛塔廟何況有人盡能受持讀誦須菩提當
知是人成就最上第一希有之法若是經典
所在之處則為有佛若尊重弟子
尒時須菩提白佛言世尊當何名此經我等
云何奉持佛告須菩提是經名為金剛般若
波羅蜜以是名字汝當奉持所以者何須菩
提佛說般若波羅蜜則非般若波羅蜜須
菩提於意云何如來有所說法不須菩提白佛
言世尊如來无所說須菩提於意云何三千

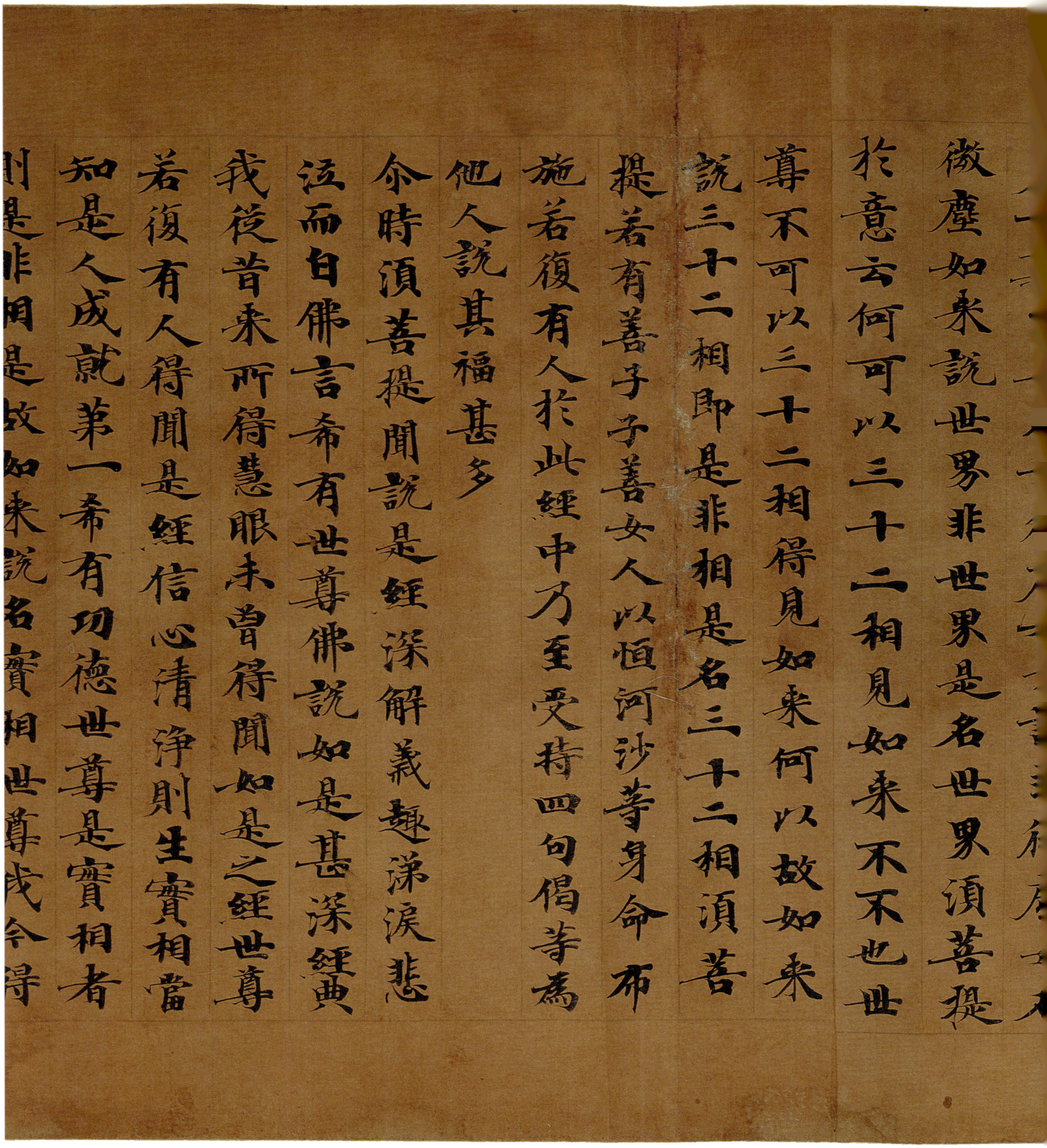

微塵如来說世界非世界是名世界須菩提
於意云何可以三十二相見如来不不也世
尊不可以三十二相得見如来何以故如来
說三十二相即是非相是名三十二相須菩
提若有善子子善女人以恒河沙等身命布
施若復有人於此經中乃至受持四句偈等為
他人說其福甚多
尒時須菩提聞說是經深解義趣涕淚悲
泣而白佛言希有世尊佛說如是甚深經典
我從昔来所得慧眼未曾得聞如是之經世尊
若復有人得聞是經信心清淨則生實相當
知是人成就第一希有功德世尊是實相者
則是非相是故如来說名實相世尊我今得

BD00336　金剛般若波羅蜜經

則是非相是故如來說名實相世尊我今得
聞如是經典信解受持不足為難若當來世
後五百歲其有衆生得聞是經信解受持是
人則為第一希有何以故此人无我相人相
衆生相壽者相所以者何我相即是非相人
相衆生相壽者相即是非相何以故離一切
諸相則名諸佛
佛告須菩提如是如是若復有人得聞是經
不驚不怖不畏當知是人甚為希有何以故
須菩提如來說第一波羅蜜非第一波羅蜜
是名第一波羅蜜
須菩提忍辱波羅蜜如來說非忍辱波羅
蜜何以故須菩提如我昔為歌利王割截身

人相衆生相壽者相應生瞋恨須菩提又念
過去於五百世作忍辱仙人於尒所世无我
相无人相无衆生相无壽者相是故須菩提
菩薩應離一切相發阿耨多羅三藐三菩提
心不應住色生心不應住聲香味觸法生心
應生无所住心若心有住則為非住是故佛
說菩薩心不應住色布施須菩提菩薩為
利益一切衆生應如是布施如來說一切諸相
即是非相又說一切衆生則非衆生須菩提
如來是真語者實語者如語者不誑語者不
異語者須菩提如來所得法此法无實无虛
須菩提若菩薩心住於法而行布施如人入
闇則无所見若菩薩心不住法而行布施如

BD00336　金剛般若波羅蜜經

闇則无所見若菩薩心不住法而行布施如
人有目日光明照見種種色須菩提當來之
世若有善男子善女人能於此經受持讀誦
則為如來以佛智慧悉知是人悉見是人皆
得成就无量无邊功德
須菩提若有善男子善女人初日分以恒河
沙等身布施中日分復以恒河沙等身布
施後日分亦以恒河沙等身布施如是无量百
千萬億劫以身布施若復有人聞此經典信
心不逆其福勝彼何況書寫受持讀誦為人
解說須菩提以要言之是經有不可思議不
可稱量无邊功德如來為發大乘者說為發
最上乘者說若有人能受持讀誦廣為人說

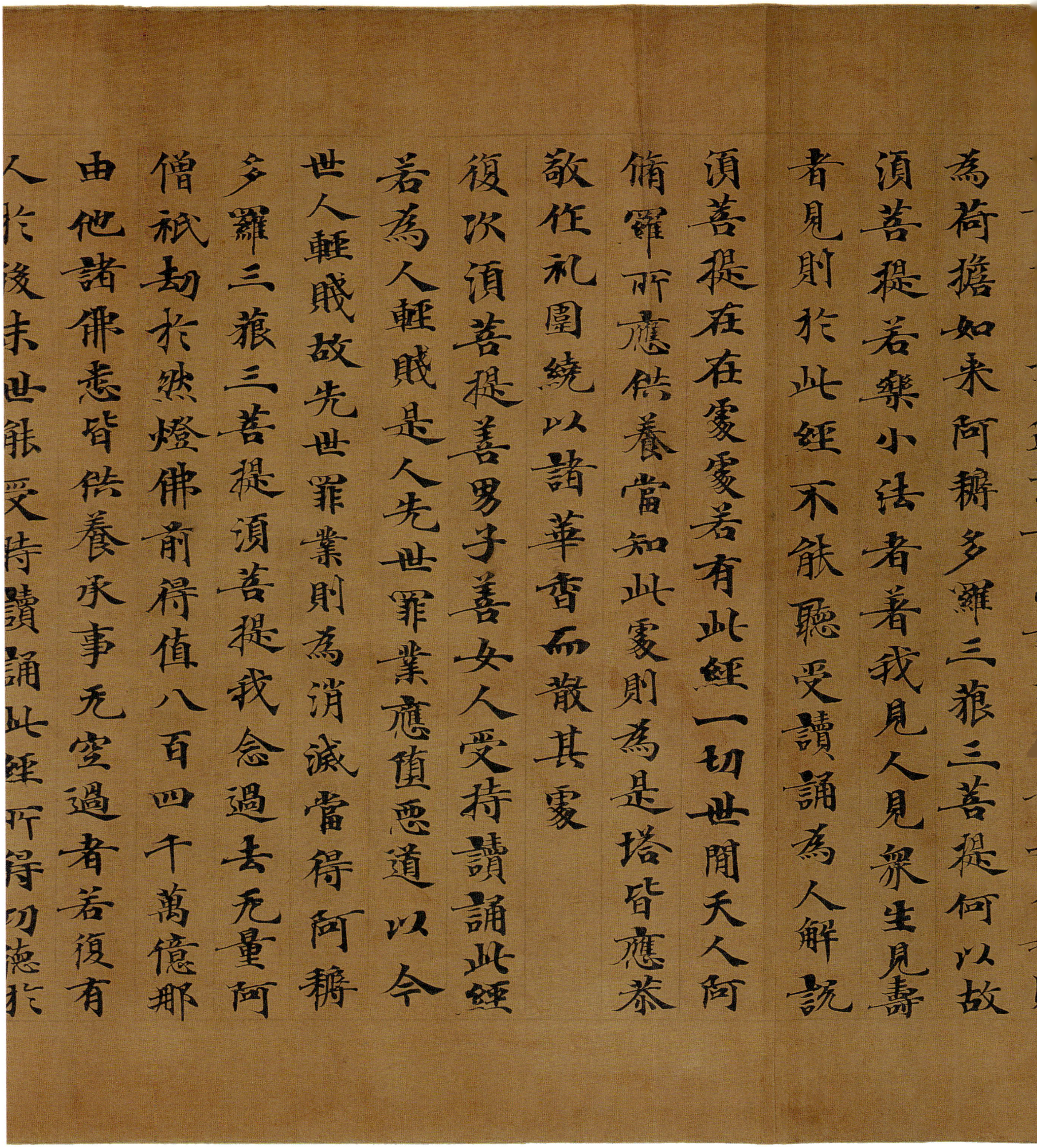
為荷擔如來阿耨多羅三藐三菩提何以故
須菩提若樂小法者著我見人見衆生見壽
者見則於此經不能聽受讀誦為人解說
須菩提在在處處若有此經一切世間天人阿
脩羅所應供養當知此處則為是塔皆應恭
敬作礼圍繞以諸華香而散其處
復次須菩提善男子善女人受持讀誦此經
若為人輕賤是人先世罪業應墮惡道以今
世人輕賤故先世罪業則為消滅當得阿耨
多羅三藐三菩提須菩提我念過去无量阿
僧祇劫於然燈佛前得值八百四千萬億那
由他諸佛悉皆供養承事无空過者若復有
人於後末世能受持讀誦此經所得功德於

BD00336　金剛般若波羅蜜經

人於後末世能受持讀誦此經所得功德於
我所供養諸佛功德百分不及一千萬億分
乃至筭數譬喻所不能及須菩提若善男子
善女人於後末世有受持讀誦此經所得功
德我若具說者或有人聞心則狂亂狐疑不
信須菩提當知是經義不可思議果報亦不
可思議
尒時須菩提白佛言世尊善男子善女人發
阿耨多羅三藐三菩提心云何應住云何降
伏其心佛告須菩提善男子善女人發阿耨
多羅三藐三菩提者當生如是心我應滅度
一切衆生滅度一切衆生已而无有一衆生
實滅度者何以故若菩薩有我相人相衆生

意云何如來於然燈佛所有法得阿耨多
羅三藐三菩提不不也世尊如我解佛所說
義佛於然燈佛所无有法得阿耨多羅三藐
三菩提佛言如是如是須菩提實无有法如
來得阿耨多羅三藐三菩提須菩提若有法
如來得阿耨多羅三藐三菩提者然燈佛則不
與我受記汝於來世當得作佛号釋迦牟尼
以實无有法得阿耨多羅三藐三菩提是故
然燈佛與我受記作是言汝於來世當得作
佛号釋迦牟尼何以故如來者即諸法如義
若有人言如來得阿耨多羅三藐三菩提須
菩提實无有法佛得阿耨多羅三藐三菩提
須菩提如來所得阿耨多羅三藐三菩提於

BD00336　金剛般若波羅蜜經

菩提實无有法佛得阿耨多羅三藐三菩提
須菩提如来所得阿耨多羅三藐三菩提於
是中无實无虚是故如来説一切法皆是佛
法須菩提所言一切法者即非一切法是故
名一切法須菩提譬如人身長大須菩提言
世尊如来説人身長大則為非大身是名大
身須菩提菩薩亦如是若作是言我當滅度
无量衆生則不名菩薩何以故須菩提實无
有法名為菩薩是故佛説一切法无我无人
无衆生无壽者須菩提若菩薩作是言我
當莊嚴佛土是不名菩薩何以故如来説莊
嚴佛土者即非莊嚴是名莊嚴須菩提若菩
薩通達无我法者如来説名真是菩薩

不如是世尊如來有天眼須菩提於意云何
如來有慧眼不如是世尊如來有慧眼須菩
提於意云何如來有法眼不如是世尊如來
有法眼須菩提於意云何如來有佛眼不如
是世尊如來有佛眼須菩提於意云何恒河
中所有沙佛說是沙不如是世尊如來說是
沙須菩提於意云何如一恒河中所有沙有
如是等恒河是諸恒河所有沙數佛世界如
是寧為多不甚多世尊佛告須菩提尒所國
土中所有衆生若干種心如來悉知何以故
如來說諸心皆為非心是名為心所以者何
須菩提過去心不可得現在心不可得未
來心不可得須菩提於意云何若有人滿三千

来心不可得須菩提於意云何若有人滿三千
大千世界七寶以用布施是人以是因緣得
福多不如是世尊此人以是因緣得福甚多
須菩提若福德有實如来不說得福德多以
福德无故如来說得福德多
須菩提於意云何佛可以具足色身見不不
也世尊如来不應以具足色身見何以故如来說
具足色身即非具足色身是名具足色身須
菩提於意云何如来可以具足諸相見不不
也世尊如来不應以具足諸相見何以故如
来說諸相具足即非具足是名諸相具足須
菩提汝勿謂如来作是念我當有所說法莫
作是念何以故若人言如来有所說法即為

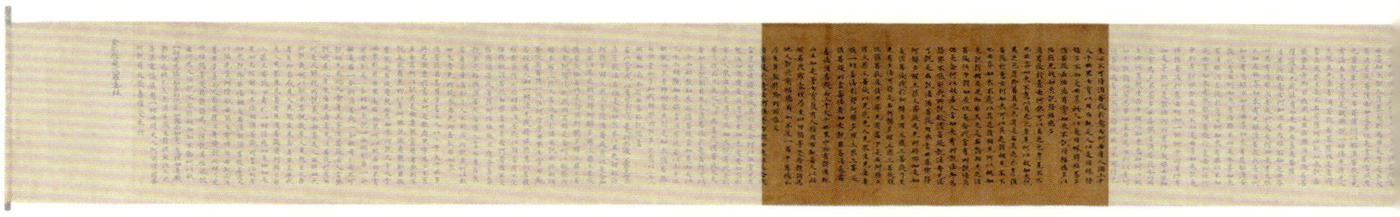

阿耨多羅三藐三菩提為无所得耶如是如
是須菩提我於阿耨多羅三藐三菩提乃至
无有少法可得是名阿耨多羅三藐三菩提復
次須菩提是法平等无有高下是名阿耨多
羅三藐三菩提以无我无人无衆生无壽者
脩一切善法則得阿耨多羅三藐三菩提
須菩提所言善法者如來說非善法是名
善法須菩提若三千大千世界中所有諸須弥
山王如是等七寶聚有人持用布施若人以此
般若波羅蜜經乃至四句偈等受持讀誦為
他人說於前福德百分不及一百千萬億分
乃至筭數譬喻所不能及
須菩提於意云何汝等勿謂如來作是念我

BD00336　金剛般若波羅蜜經

須菩提於意云何汝等勿謂如来作是念我
當度衆生須菩提莫作是念何以故實无有
衆生如来度者若有衆生如来度者如来則
有我人衆生壽者須菩提如来說有我者則
非有我而凡夫之人以為有我須菩提凡夫
者如来說則非凡夫須菩提於意云何可以
三十二相觀如来不須菩提言如是如是以
三十二相觀如来佛言須菩提若以三十二
相觀如来者轉輪聖王則是如来須菩提
白佛言世尊如我解佛所說義不應以三十二
相觀如来尒時世尊而說偈言
若以色見我　以音聲求我　是人行邪道　不能見如来
須菩提汝若作是念如来不以具足相故得

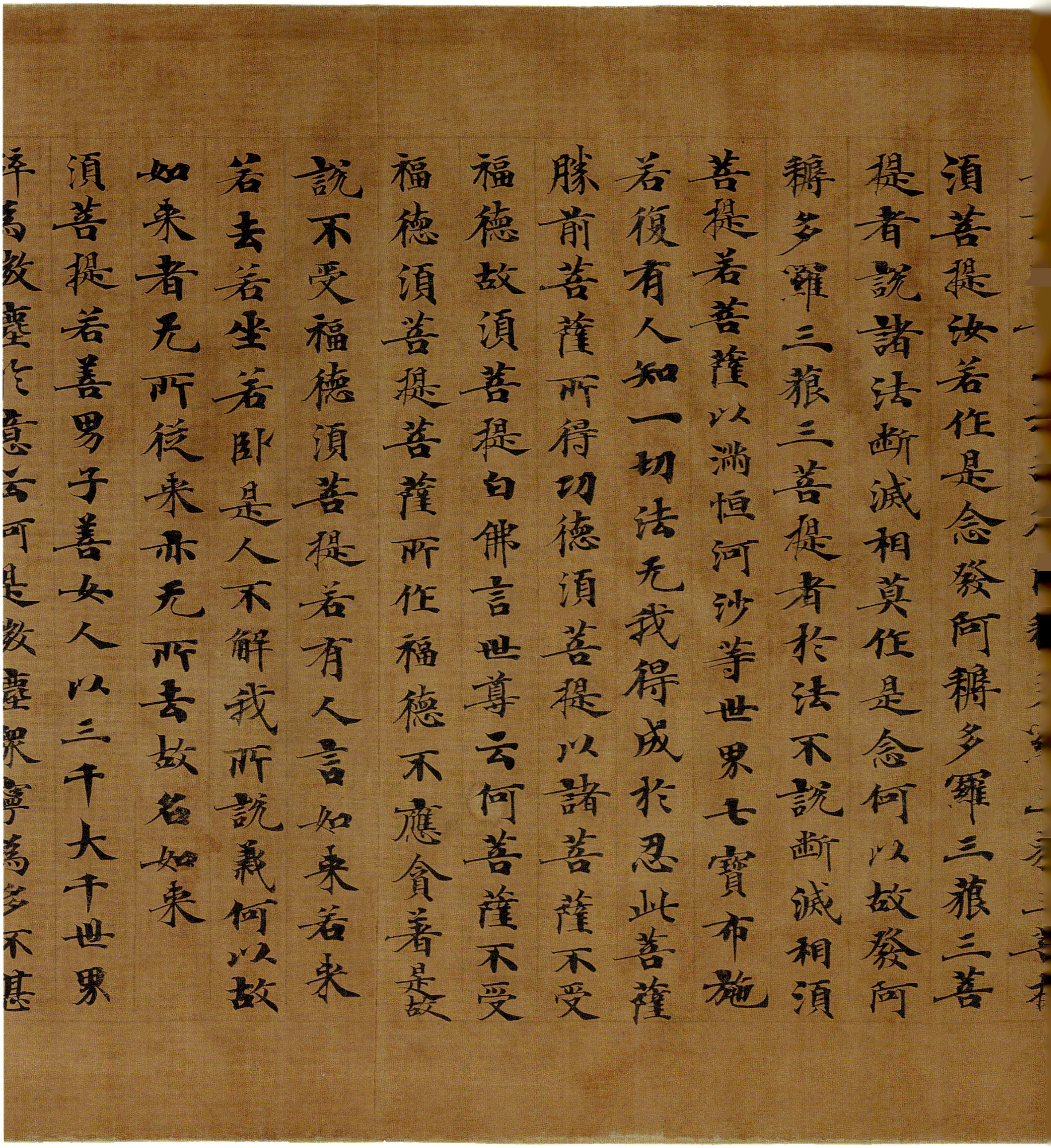

須菩提汝若作是念發阿耨多羅三藐三菩
提者說諸法斷滅相莫作是念何以故發阿
耨多羅三藐三菩提者於法不說斷滅相須
菩提若菩薩以滿恒河沙等世界七寶布施
若復有人知一切法无我得成於忍此菩薩
勝前菩薩所得功德須菩提以諸菩薩不受
福德故須菩提白佛言世尊云何菩薩不受
福德須菩提菩薩所作福德不應貪著是故
說不受福德須菩提若有人言如來若來
若去若坐若臥是人不解我所說義何以故
如來者无所從來亦无所去故名如來
須菩提若善男子善女人以三千大千世界
碎為微塵於意云何是微塵衆寧為多不甚

BD00336　金剛般若波羅蜜經

碎為微塵於意云何是微塵衆寧為多不甚
多世尊何以故若是微塵衆實有者佛則不
說是微塵衆所以者何佛說微塵衆則非微
塵衆是名微塵衆世尊如來所說三千大千
世界則非世界是名世界何以故若世界實
有者則是一合相如來說一合相則非一合
相是名一合相須菩提一合相者則是不可
說但凡夫之人貪著其事須菩提若人言佛
說我見人見衆生見壽者見須菩提於意云
何是人解我所說義不世尊是人不解如來
所說義何以故世尊說我見人見衆生見壽
者見即非我見人見衆生見壽者見是名我
見人見衆生見壽者見須菩提發阿耨多羅

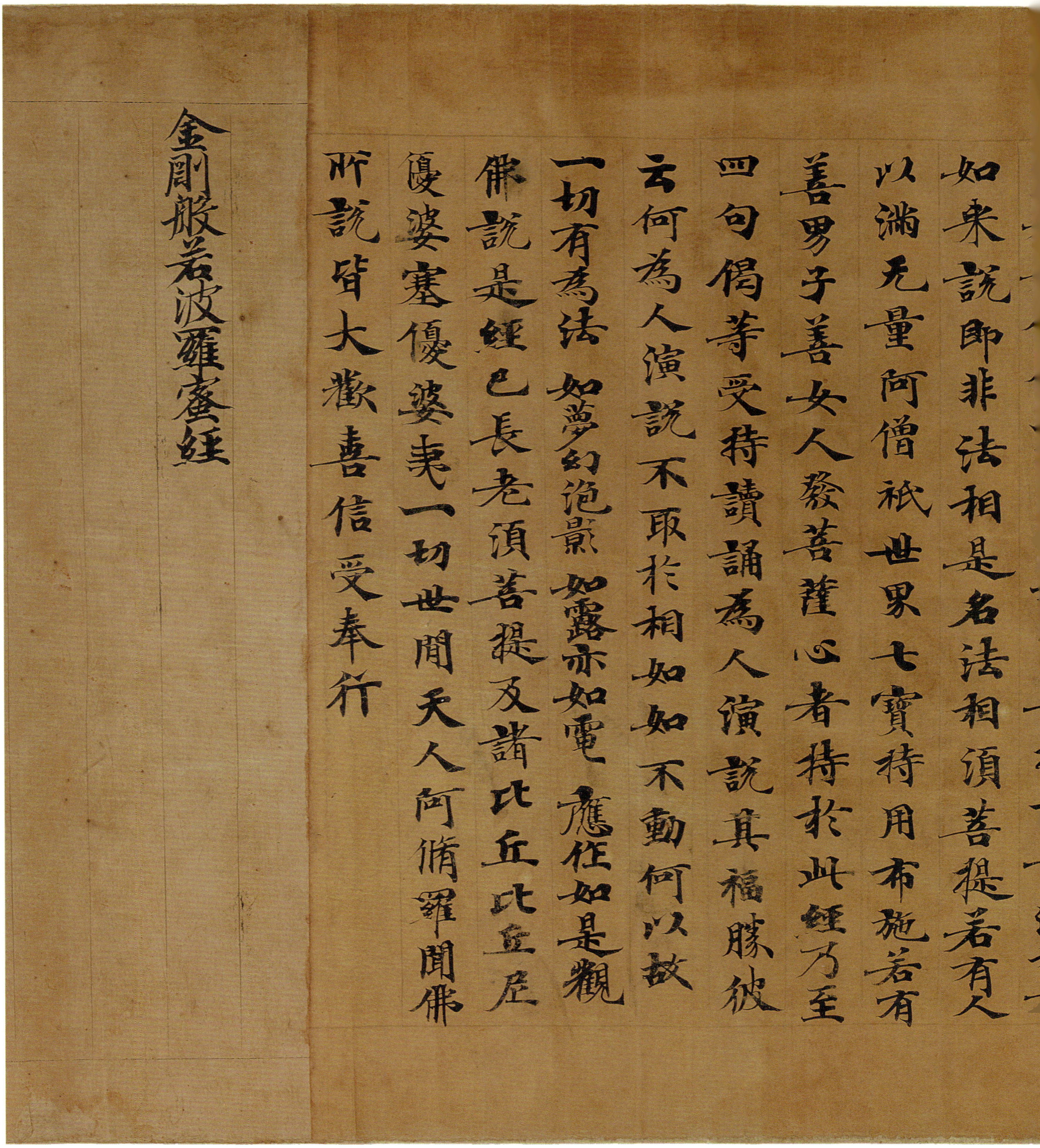

如來說即非法相是名法相須菩提若有人
以滿无量阿僧祇世界七寶持用布施若有
善男子善女人發菩薩心者持於此經乃至
四句偈等受持讀誦為人演說其福勝彼
云何為人演說不取於相如如不動何以故
一切有為法　如夢幻泡影　如露亦如電　應作如是觀
佛說是經已長老須菩提及諸比丘比丘尼
優婆塞優婆夷一切世間天人阿脩羅聞佛
所說皆大歡喜信受奉行

金剛般若波羅蜜經

BD00336　金剛般若波羅蜜經

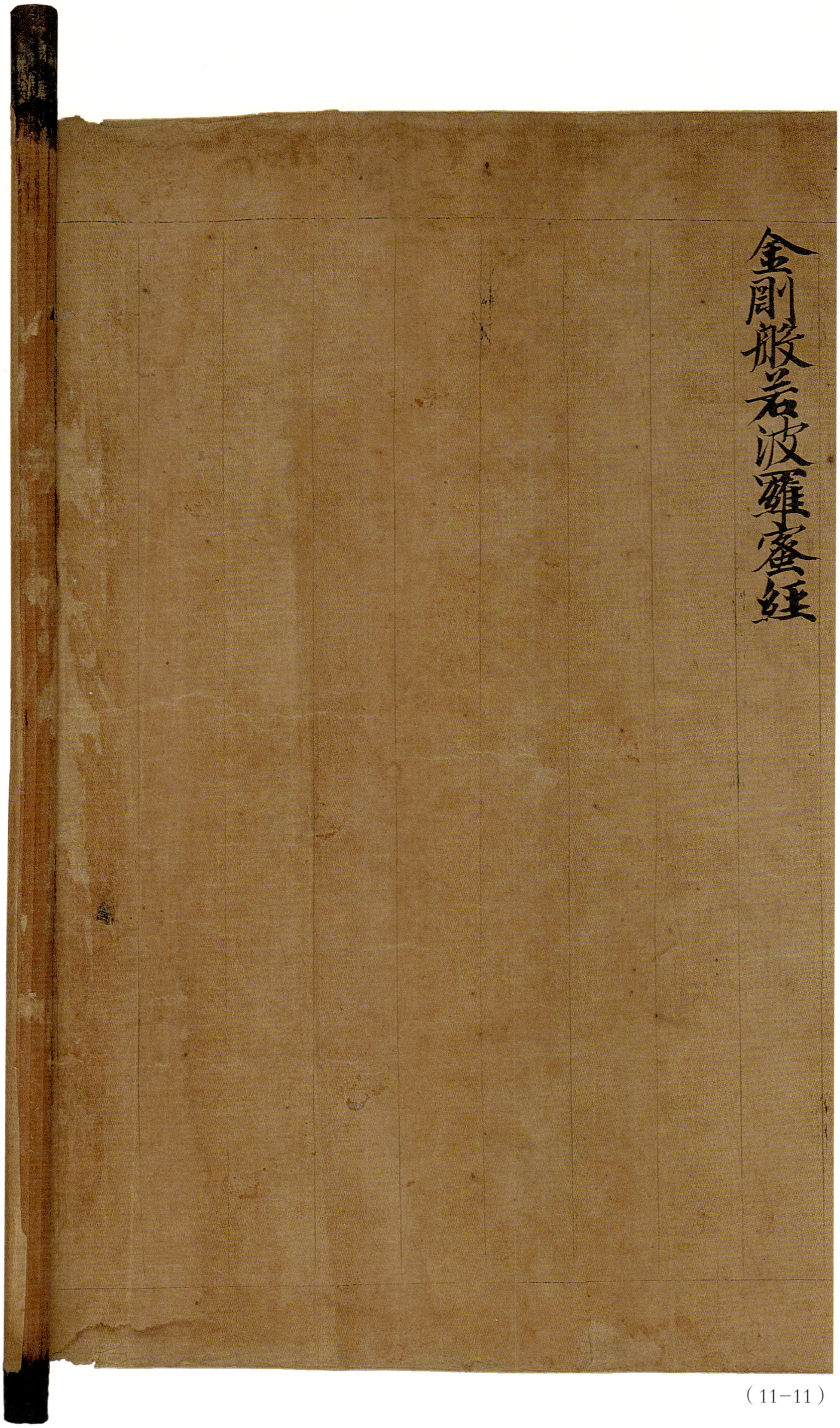

金剛般若波羅蜜經

BD00338 金光明最勝王經卷二

（唐）義净 譯

304cm × 26cm

尊所
手執桴擊妙金鼓
伽他明懺悔法我皆憶
悲聽我所說即於佛前
夢見大金鼓　其形極姝妙　周遍有金光
光明皆普耀　充滿十方界　咸見於諸佛
各處瑠璃座　無量百千衆　恭敬而圍繞
有一婆羅門　以杖擊金鼓　於其鼓聲內　說此妙伽他
金光明鼓出妙聲　遍至三千大千界
能滅三塗極重罪　及以人中諸苦厄
由此金鼓聲威力　永滅一切煩惱障
斷除怖畏令安隱　譬如自在牟尼尊
佛於生死大海中　積行修成一切智

證得无上菩提果　常轉清淨妙法輪
住壽不可思議劫　隨機說法利群生
能斷煩惱衆苦流　貪瞋癡等皆除滅
若有衆生處惡趣　大火猛焰周遍身
若得聞是妙鼓音　即能離苦歸依佛
皆得成就宿命智　能憶過去百千生
悉皆正念牟尼尊　得聞如來甚深教
由聞金鼓勝妙音　常得親近於諸佛
悉能捨離諸惡業　純修清淨諸善品
一切天人有情類　慇重至誠祈願者
得聞金鼓妙音聲　能令所求皆滿足
衆生墮在无間獄　猛火炎熾苦焚身
无有救護處輪迴　聞者能令苦除滅
天餓鬼傍生中　所有現受諸苦難

BD00338　金光明最勝王經卷二

衆生墮在无間獄　猛火炎熾苦焚身
无有救護處輪迴　聞者能令苦除滅
人天餓鬼傍生中　所有現受諸苦難
得聞金鼓發妙響　皆蒙離苦得解脫
現在十方界　常住兩足尊　願以大悲心　哀愍憶念我
衆生无歸依　亦无有救護　為如是等類　能作大歸依
我先所作罪　極重諸惡業　今對十力前　至心皆懺悔
我不信諸佛　亦不敬尊親　不務修衆善　常造諸惡業
或自恃尊高　種姓及財位　盛年行放逸　常造諸惡業
心恒起邪念　口陳於惡言　不見於過罪　常造諸惡業
恒作愚夫行　无明闇覆心　隨順不善友　常造諸惡業
或因諸戲樂　或復懷憂惱　為貪瞋所纏　故我造諸惡
親近不善人　及由嫉妬意　貧窮行諂誑　故我造諸惡
雖不樂衆過　由有怖畏故　及不得自在　故我造諸惡

於佛法僧眾　不生恭敬心　作如是眾罪　我今悉懺悔
於獨覺菩薩　亦無恭敬心　作如是眾罪　我今悉懺悔
無知謗正法　不孝於父母　作如是眾罪　我今悉懺悔
由愚癡憍慢　及以貪瞋力　作如是眾罪　我今悉懺悔
我於十方界　供養無數佛　當願拔眾生　令離諸苦難
願一切有情　皆令住十地　福智圓滿已　成佛導群迷
我為諸眾生　苦行百千劫　以大智慧力　皆令出苦海
我為諸含識　演說甚深經　最勝金光明　能除諸惡業
若人百千劫　造諸極重罪　暫時能發露　眾惡盡消除
依此金光明　作如是懺悔　由斯能速盡　一切諸苦業
勝定百千種　不思議總持　根力覺道支　修習常無倦
我當至十地　具足珍寶處　圓滿佛功德　濟度生死流
我於諸佛海　甚深功德藏　妙智難思議　皆令得具足
唯願十方佛　觀察護念我　皆以悲愍心　哀受我懺悔

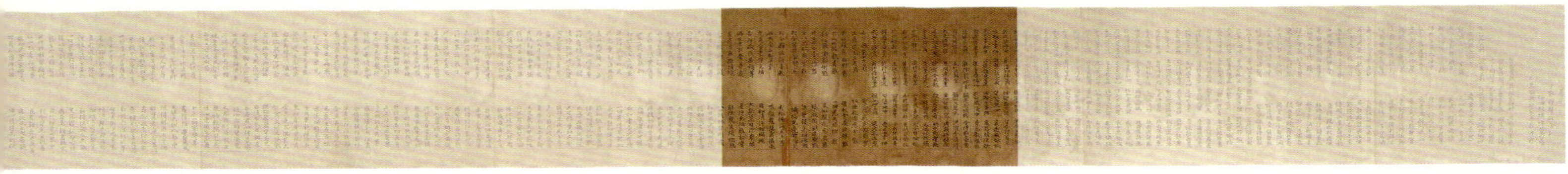

我當至十地　具足珍寶處　圓滿佛功德　濟度生死流
我於諸佛海　甚深功德藏　妙智難思議　皆令得具足
唯願十方佛　觀察護念我　皆以大悲心　哀受我懺悔
我於多劫中　所造諸惡業　由斯生苦惱　哀愍願消除
我造諸惡業　常生憂怖心　於四威儀中　曾無歡樂想
諸佛具大悲　能除衆怖畏　願受我懺悔　令得離憂苦
我有煩惱障　及以諸報業　願以大悲水　洗濯令清淨
我先作諸罪　及現造惡業　至心皆發露　咸願得蠲除
未來諸惡業　防護令不起　設令有違者　終不敢覆藏
身三語四種　意業復有三　繫縛諸有情　無始恒相續
由斯三種行　造作十惡業　如是衆多罪　我今皆懺悔
我造諸惡業　苦報當自受　今於諸佛前　至誠皆懺悔
於此贍部洲　及他方世界　所有諸善業　今我皆隨喜
願離十惡業　修行十善道　安住十地中　常見十方佛

凡愚迷惑三有難　恒造極重惡業難
我所積集欲邪難　常起貪愛流轉難
於此世間耽著難　一切愚夫煩惱難
狂心散動顛倒難　及以親近惡友難
於生死中貪染難　瞋癡闇鈍造罪難
生八无暇惡處難　未曾積集功德難
我今皆於最勝前　懺悔无邊罪惡業
我今歸依諸善逝　我礼德海无上尊
如大金山照十方　唯願慈悲哀攝受
身色金光淨无垢　目如清淨紺瑠璃
吉祥威德名稱尊　大悲慧日除衆闇
佛日光明常普遍　善淨无垢離諸塵
牟尼月照極清涼　能除衆生煩惱熱

牟尼月照極清淨　能除眾生煩惱熱
三十二相遍莊嚴　八十隨好皆圓滿
福德難思无與等　如日流光照世間
色如瑠璃淨无垢　猶如滿月處虛空
妙頗黎網映金軀　種種光明以嚴飾
於生死苦暴流內　老病憂愁水所漂
如是苦海難堪忍　佛日舒光令永竭
我今稽首一切智　三千世界希有尊
光明晃耀紫金身　種種妙好皆嚴飾
如大海水量難知　大地微塵不可數
如妙高山叵稱量　亦如虛空无有際
諸佛功德亦如是　一切有情不能知
於无量劫諦思惟　无有能知德海岸
盡此大地諸山岳　析如微塵能算知

清淨相好妙莊嚴　不可稱量知分齊
我之所有衆善業　願得速成无上尊
廣說正法利群生　悉令解脫於衆苦
降伏大力魔軍衆　當轉无上正法輪
久住劫數難思議　充足衆生甘露味
猶如過去諸最勝　六波羅蜜皆圓滿
滅諸貪欲及瞋癡　降伏煩惱除衆苦
願我常得宿命智　能憶過去百千生
亦常憶念牟尼尊　得聞諸佛甚深法
願我以斯諸善業　奉事无邊最勝尊
遠離一切不善因　恒得修行真妙法
一切世界諸衆生　悉皆離苦得安樂
所有諸根不具足　令彼身相皆圓滿

所有諸根不具足　令彼身相皆圓滿
若有衆生遭病苦　身形羸瘦无所依
咸令病苦得清除　諸根色力皆充滿
若犯王法當刑戮　衆苦逼迫生憂惱
彼受如斯極苦時　无有歸依能救護
若受鞭杖枷鎖繫　種種苦具切其身
无量百千憂惱時　逼迫身心无暫樂
皆令得免於繫縛　及以鞭杖苦楚事
將臨刑者得命全　衆苦皆令永除盡
若有衆生飢渴逼　令得種種殊勝味
盲者得視聾者聞　跛者能行瘂能語
貧窮衆生獲寶藏　倉庫盈溢无所乏
皆令得受上妙樂　无一衆生受苦惱
一切人天皆樂見　容儀溫雅甚端嚴

[illegible]

念永所現清涼池　金色蓮花汎其上
隨彼衆生心所念　飲食衣服及牀敷
金銀珎寶妙瑠璃　瓔珞莊嚴皆具足
勿令衆生聞惡響　亦復不見有相違
所受容貌悉端嚴　各各慈心相愛樂
世間資生諸樂具　隨心念時皆滿足
所得珎財无悋惜　分布施與諸衆生
燒香末香及塗香　衆妙雜花非一色
每日三時從樹墮　隨心受用生歡喜
普願衆生咸供養　十方一切最勝尊
三乘清淨妙法門　菩薩獨覺聲聞衆
常願勿處於卑賤　不墮无暇八難中
生在有暇人中尊　恒得親承十方佛
願得常生富貴家　財寶倉庫皆盈滿

常願勿處於卑賤　不墮无暇八難中
生在有暇人中尊　恒得親承十方佛
願得常生富貴家　財寶倉庫皆盈滿
顏貌名稱无與等　壽命延長經劫數
悉願女人變為男　勇健聰明多智慧
一切常行菩薩道　勤修六度到彼岸
常見十方无量佛　寶王樹下而安處
處妙瑠璃師子座　恒得親承轉法輪
若於過去及現在　輪迴三有造諸業
能招可猒不善趣　願得消滅永无餘
一切衆生於有海　生死羂網堅牢縛
願以智劒為斷除　離苦速證菩提處
衆生於此贍部內　或於他方世界中
所作種種勝福因　我今皆悉生隨喜

[illegible]

所有礼讚佛功德　深心清淨无瑕穢
迴向發願福无邊　當超惡趣六十劫
若有男子及女人　婆羅門等諸勝族
合掌一心讚歎佛　生生常憶宿世事
諸根清淨身圓滿　殊勝功德皆成就
願於未來所生處　常得人天共瞻仰
非於一佛十方所　修諸善根今得聞
百千佛所種善根　方得聞斯懺悔法
尒時世尊聞此說已讚妙幢菩薩言善哉善
哉善男子如汝所夢金鼓出聲讚歎如來真
實功德并懺悔法若有聞者獲福甚多廣利
有情滅除罪障汝今應知此之勝業皆是過
去讚歎發願宿習因緣及由諸佛威力加護
此之因緣當為汝說時諸大眾聞是法已咸

去讚歎發願宿習因緣及由諸佛威力加護
此之因緣當為汝說時諸大衆聞是法已咸
皆歡喜信受奉行

金光明最勝王經卷第二

礦古猛鍊蓮見鎔欲鍾渟大丁捊瀀于鎖蘇果羂古縣

圖書在版編目（CIP）數據

中國國家圖書館藏敦煌文獻. 第二四册 / 中國國家圖書館編. —北京：國家圖書館出版社，2023.12

ISBN 978-7-5013-7899-9

Ⅰ. ①中… Ⅱ. ①中… Ⅲ. ①敦煌學—文獻 Ⅳ. ① K870.6

中國國家版本館 CIP 數據核字（2023）第 219573 號

書　　名　中國國家圖書館藏敦煌文獻·第二四册
著　　者　中國國家圖書館　編
項目統籌　魏　崇　殷夢霞
責任編輯　黄　鑫　程魯潔　潘　竹　苗文葉
責任校對　劉　倩　王　衡

出版發行　國家圖書館出版社（北京市西城區文津街 7 號　100034）
（原書目文獻出版社　北京圖書館出版社）
010-66114536　63802249　nlcpress@nlc.cn（郵購）
網　　址　http://www. nlcpress. com
排版印裝　天津裕同印刷有限公司
版次印次　2023 年 12 月第 1 版　2023 年 12 月第 1 次印刷

開　　本　787 × 1092　1/8
印　　張　42.5
書　　號　ISBN 978-7-5013-7899-9
定　　價　2800.00 圓